Le cri du poisson rouge

Anecdotes de poissons

mis à toutes les sauces

Opticon Tessour

Le cri du poisson rouge

Anecdotes de poissons

mis à toutes les sauces

© 2023 Opticon Tessour

Édition : BoD – Books on Demand, info@bod.fr
Impression : BoD – Books on Demand, In de Tarpen 42,
Norderstedt (Allemagne)

Impression à la demande

ISBN : 978-2- 3224-6879-9
Dépôt légal : janvier 2023

Appel à tous les poissons rouges :

Poissons rouges de tous les pays, unissez-vous !

Un jour, grâce à votre apaisante sérénité,

la révolution philosophique de l'ataraxie

triomphera !

I

Préface de Joël Carobolante

Trésorier honoraire de l'Association ataraxique des aquariophiles et amis des animaux aquatiques et des amphibiens

Opticon Tessour est de retour !

À la lecture de la fin de son dernier livre *Tout cela a-t-il un sens ?,* on aurait pu croire qu'il avait définitivement disparu, mais s'il avait disparu, ce n'était que pour mieux reparaître.

Je ne vais guère vous présenter son nouveau livre, Opticon Tessour le fait lui-même dans son introduction. Par contre, je peux vous expliquer pourquoi il l'a écrit, et pourquoi il était pleinement qualifié pour cela.

Dès sa plus tendre enfance, Opticon Tessour s'est intéressé aux poissons rouges. Pêcheur repenti, il a préféré voir les poissons dans des aquariums ou des bassins, plutôt que dans son assiette. Parmi toutes les variétés de poissons, d'eau douce ou d'eau de mer, il s'est passionné plus particulièrement pour les poissons rouges, dont la banalité ne pouvait effacer, selon lui, ni la diversité ni la beauté.

Après les avoir pris à témoin dans son livre *Tout cela a-t-il un sens ?*, il ne pouvait en rester là. Il devait continuer de parler d'eux, de leur faire dire ce qu'ils ne disent pas, de leur donner la parole, en quelque sorte. C'est d'ailleurs ce qu'il dit lui-même.

Tel est donc à mon avis, le but de ce livre. Ou, en tout cas, l'un de ses buts. Car les poissons rouges permettent d'aller plus loin, de penser aux rapports entre les hommes et les animaux, de penser à la condition animale, à la condition humaine. Les animaux – nos lointains ou très lointains cousins – ont en effet beaucoup à nous apprendre sur nous-mêmes.

N'oubliez pas que, vivant dans l'eau, les poissons sont un peu nos ancêtres ou, pour être plus exact, leurs ancêtres sont aussi les nôtres. N'oubliez pas non plus le rôle des poissons dans l'histoire. Nous verrons que le symbole du Yin et du Yang, dans le taoïsme, a pu être rapproché de deux poissons emmêlés. Comme Opticon Tessour l'a montré dans son livre précédent, le poisson a aussi été le premier symbole chrétien. Certains en collent maintenant un modèle stylisé à l'arrière de leur voiture, comme celui-ci :

Le poisson, rouge ou non, fait donc partie de notre histoire. C'est dire son importance dans notre culture, dans notre vie. À ce titre, il méritait bien qu'Opticon Tessour lui consacre son nouveau livre, qui rassemble des anecdotes de poissons, rouges ou non, et des thèmes fort sérieux que ceux-ci ont inspiré à l'auteur.

Pour ma part, permettez-moi de vous raconter un souvenir personnel. Cela se passait il y a quelques années au Pantanal, une région quelque peu sauvage du Brésil. Je participais à une pêche aux piranhas, avec d'autres touristes. Il ne s'agissait pas de prendre des poissons pour les manger, car les prises devaient être relâchées. Les caïmans rôdaient aussi autour de nous. L'un d'eux était assez près de moi, et me fixait de façon inquiétante. Ce n'était pas très rassurant ! À un moment donné, une membre de notre petit groupe a attrapé un piranha, un caïman s'est précipité pour l'attraper à son tour, mais c'est un oiseau qui l'a finalement attrapé au passage ! Tout cela en un rien de temps ! Ni mon épouse ni moi n'avons rien attrapé. Par contre, nous sentions nos cannes à pêche bouger quand les piranhas mordaient à l'hameçon – ou plutôt quand ils réussissaient à prendre l'appât accroché à l'hameçon et à partir aussitôt un peu plus loin, quitte à revenir aussitôt pour se resservir ! Ce n'était pas plus mal, ni pour les piranhas, ni pour nous deux. Quant à mon ami caïman, il m'a quand même laissé tranquille. Au final, tout le monde s'en est tiré à bon compte, mis à part un piranha qui a fait le bonheur d'un volatile, et le dépit d'un caïman.

En somme, tout ne s'était pas vraiment passé comme dans la chanson de Juliette Gréco :

Un petit poisson, un petit oiseau
S'aimaient d'amour tendre
Mais comment s'y prendre
Quand on est dans l'eau ?

Un petit poisson, un petit oiseau
S'aimaient d'amour tendre
Mais comment s'y prendre
Quand on est là-haut ?

Ce fut là en tout cas ma dernière pêche. Je ne condamne pas forcément la pêche à la ligne, mais je préfère assurément laisser les poissons tranquilles, et les admirer sans trop les déranger. Je sais qu'il en est de même pour Opticon Tessour.

En tant que trésorier honoraire de l'Association ataraxique des aquariophiles et amis des animaux aquatiques, j'avais eu l'honneur d'écrire la préface de son précédent livre. Depuis, l'Association s'est ouverte aux amphibiens – ces animaux qui font le lien entre l'eau et la terre, l'eau des poissons, et la terre des hommes.

Puisse ce livre jouer ce même rôle, celui de passeur entre deux mondes, deux univers qui ne peuvent qu'être intensément liés. C'est là tout ce que j'espère, de même que l'auteur, Opticon Tessour.

Bonne lecture donc ! Et puissent aussi les poissons rouges vous transmettent leur ineffable sérénité pour que vous soyez heureux comme des poissons dans l'eau, pour reprendre la formule traditionnelle.

II

Introduction

Les poissons, rouges ou non, ne crient pas. Ils ne parlent même pas. Alors, pourquoi ce titre : *Le cri du poisson rouge* ? Le cri du silence ? Un cri d'angoisse ? De terreur ? Un cri de joie ? D'extase ? Comment savoir ? Nous verrons cela plus tard. Pour le moment, puisque les poissons ne parlent pas, nous allons leur donner la parole. Nous leur prêterons même des pensées humaines, cela nous permettra de mieux les comprendre ou, du moins, d'essayer, car comment savoir à quoi peuvent bien penser les poissons, et notamment les poissons rouges ?

Certes, parfois, c'est facile. Quand on s'approche d'eux pour les nourrir, ils pensent forcément à la nourriture. Mais à quoi pensent-ils quand ils vont et viennent dans leur bassin ou leur aquarium ? Il est plus difficile de le savoir, ou de le deviner. Pensent-ils seulement ? Ils ne pensent certes pas comme nous, car ils n'ont pas notre cerveau et ne vivent pas dans le même milieu que nous. Pour autant, ce serait une erreur de croire qu'ils ne pensent pas à leur façon. Un animal n'est pas une machine, ni une plante.

Dans les pages suivantes, vous trouverez quelques histoires de poissons rouges. Des histoires racontées par les poissons eux-mêmes. Des scènes de vie qui nous en apprendront plus sur les poissons rouges, mais aussi sur nous-mêmes. Des récits inspirés de faits réels : nul poisson d'avril là-dedans, mais des poissons de tous les mois, de tous les jours de l'année. Seul le dernier récit fait exception, mais c'est pour la bonne cause.

Pourquoi les poissons rouges ? Parce qu'ils sont populaires, tout le monde les aime bien, en principe. Parce qu'ils nous relient au monde de l'eau, d'où viennent nos lointains ancêtres. Parce que, même s'ils sont muets comme des carpes, ils auraient beaucoup à dire sur nous, s'ils pouvaient parler. Parce que, parfois, il faut savoir écouter le silence.

Place donc aux poissons rouges et, éventuellement, à d'autres poissons. Tout ce monde qui a aussi pour planète notre Terre, où l'homme se comporte trop souvent comme le seul maître à bord, alors qu'il n'est qu'une espèce animale parmi tant d'autres. Tandis que l'homme a réussi à tout chambouler, les poissons rouges, placides, regardent le temps passer. Passez donc un moment avec eux, au travers de ces quelques histoires. Peut-être cela vous aidera-t-il à réfléchir sur le rôle des animaux, sur les rapports que nous entretenons avec eux, sur ce qu'ils peuvent nous apprendre si nous savons les écouter. Même quand ils ne crient pas.

III

Une brève histoire des poissons rouges :
un récit de Pinocchio

C'est une longue histoire que celle du poisson rouge, appelé *carassius auratus* ou carassin doré. Les nombreuses variétés que nous connaissons aujourd'hui proviennent d'une longue série de sélections.

Le c*arassius auratus* est issu de la forme sauvage de l'espèce, un carassin qui se rencontre à l'état naturel en Asie, du fleuve Amour en Russie jusqu'au fleuve Rouge au Viêt Nam. Il est généralement de couleur gris doré, même si certains spécimens peuvent être plus colorés.

Les plus anciens témoignages relatifs au poisson rouge remontent aux premiers siècles de notre ère. Son berceau historique est une province côtière de l'est de la Chine, le Zhejiang, près du fleuve Bleu (ou Yangtsé). Certains aristocrates ont alors déjà dans leurs bassins des *carassius auratus* au patron d'or.

Sous la dynastie Tang (618-907), une suite de sélections permet d'aboutir à une première variété stable, proche du poisson rouge que nous connaissons aujourd'hui. Sous la dynastie Song (960-1279), l'aquaculture se développe, ainsi que les protocoles d'élevage et de nutrition, autour des poissons aux couleurs rouge et or. L'empereur Song possède un étang à poissons d'or. Mais les poissons rouges se rencontrent davantage dans les bassins des temples bouddhistes, en tant que poissons d'ornement.

Si un premier inventaire des variétés est rédigé en 1276, c'est surtout sous la dynastie des Ming (1368-1644) que de nombreuses nouvelles variétés sont créées. Les premiers bocaux à poissons rouges apparaissent. L'élevage en intérieur permet la création et le développement de variétés plus fragiles, dont les poissons rouges aux yeux en forme de télescopes. Pour l'aristocratie, le poisson rouge symbolise alors la prospérité, la bonne chance, la fortune. Il est souvent représenté dans les soieries ou céramiques. Le mobilier s'en inspire aussi.

En 1502, un premier lot de poissons rouges est officiellement introduit au Japon. Tout d'abord réservé à une élite, le poisson rouge se répand ensuite parmi la population plus modeste. C'est le règne de la boule en verre, mais les poissons rouges peuvent aussi se retrouver dans des poteries ou des baignoires.

C'est en 1611 que les premiers poissons rouges « débarquent » en Europe, au Portugal. En 1759, Carl von Linné, le naturaliste suédois, le décrit sous le nom de *cyprinus auratus,* dans le même genre que la carpe. Toutefois, en 1949, il est reclassé dans le genre *carassius*, car il diffère en fait du genre c*yprinus* par certaines caractéristiques, comme l'absence de barbillons.

En France, le poisson rouge arrive sous le règne de Louis XV, mais il ne devient vraiment populaire qu'à la fin du XIXe siècle. Sa popularité a alors aussi gagné l'Amérique : le poisson rouge a conquis le monde !

Lors de la révolution culturelle chinoise, les poissons rouges sont considérés comme des symboles de la culture traditionnelle à abattre. C'est la persécution : les piscicultures sont détruites, les bassins et les aquariums sont abandonnés, et les poissons rouges eux-mêmes sont tués en grand nombre. Triste époque ! Leur couleur rouge aurait pourtant pu les épargner : le rouge est la couleur préférée des Chinois, c'est la couleur nationale, le symbole du feu, du bonheur, de la vitalité, de la chance, du succès de la bonne fortune. C'est aussi la couleur du communisme. Lors de la révolution culturelle, il avait d'ailleurs été question d'inverser le sens des feux de circulation : le rouge aurait donné l'autorisation de passer. Si le projet a fait long feu – si l'on peut dire – il semblerait que cette mesure ait parfois été adoptée localement, d'où une certaine pagaille, ce qui n'aurait pas été pour pour déplaire à ces révolutionnaires qui voulaient tout détruire. Concernant la couleur des poissons rouges, il faut cependant rappeler qu'ils sont souvent orangés, d'où leur nom de carassins dorés (*carassius auratus* – *auratus* signifiant *doré*). En fait, les variétés de poissons rouges vont du blanc au noir, en passant par le jaune, le bronze ou or, et diverses combinaisons de couleurs, outre, quand même, le rouge. Les couleurs peuvent changer au cours de la vie du poisson, pour diverses raisons, comme le vieillissement, des problèmes de santé, la qualité de l'eau ou le manque de lumière.

Il existe aujourd'hui de nombreuses variétés de poissons rouges. Si le poisson rouge commun diffère peu du carassin doré sauvage, il n'en va pas de même pour d'autres variétés, qui sont plus délicates et demandent plus de soins. Parmi toutes les variétés, on distingue les poissons à queue simple (dont le poisson rouge commun fait partie), les poissons à queue double (dont les télescopes aux yeux globuleux), les variétés à écailles ou perlées, les variétés sans dorsale (dont le bubble qui a des poches sous les yeux), ainsi que d'autres variétés encore. Toutes ces variétés proviennent surtout de Chine et du Japon, mais certaines proviennent des États-Unis, du Royaume-Uni, de Thaïlande ou de Corée du Sud. Leurs noms peuvent être originaux ou exotiques : tête de lion, tête de buffle, queue de voile, papillon, ryukum, hubuski, lionchu, shinku, uranoscope...

Une autre création étrange, toujours à la suite de croisements : un poisson rouge translucide, dont les organes sont visibles de l'extérieur, car ses écailles et sa peau n'ont pas de pigment. L'avantage ? Cela permet d'éviter la pratique fort décriée de la vivisection. L'inconvénient ? Un poisson rouge qui n'est plus rouge, ni doré, est-ce encore un poisson rouge ?

Quoi qu'il en soit, après plusieurs siècles d'existence, le poisson rouge peut s'enorgueillir de sa victoire : par son nombre, c'est l'animal domestique le plus populaire au monde. Qui plus est, si dans son pays d'origine, la Chine, c'est un porte bonheur, dans le reste du monde c'est l'animal apaisant par excellence, celui qui apporte un peu de paix, de sérénité, dans un monde trop souvent angoissant, confus, stressant. Le poisson ne dit rien, il ne secoue aucune queue, il ne ronronne pas, mais il suffit de le regarder pour accéder à la paix de l'âme. Le poisson rouge a conquis le monde entier et, surtout, le cœur des hommes.

Il reste aux hommes à nous découvrir, tels que nous sommes vraiment. Saviez-vous ainsi que la fameuse mémoire de poisson rouge, supposée être très courte, n'est qu'une légende ? Selon les spécialistes, nous avons plutôt une mémoire de trois mois. Vu notre taille, ce n'est quand même pas mal du tout ! Et notre intelligence ? Nous pouvons résoudre des problèmes de poissons, comme nous échapper de filets ou de labyrinthes maritimes, ou encore nous trouver au plus tôt une cachette en cas de danger. Nous pouvons aussi reconnaître ceux qui nous nourrissent et interagir avec eux de bien des façons.

Saviez-vous aussi que nous n'avons pas d'estomac ? C'est pourquoi il ne faut pas nous donner trop de nourriture en une seule fois. Saviez-vous que nous voyons l'ultra-violet ? Eh oui ! Et que nous avons un sixième sens, celui de notre ligne latérale, qui nous permet de ressentir tout ce qui se passe auprès de nous ?

Vous avez encore tant à découvrir sur nous !

Saviez-vous aussi que nous ne sommes pas que des poissons d'ornement ? Nous pouvons être utiles de bien des manières, comme par exemple en dévorant les moustiques. Avouez que cela peut être fort intéressant !

Par contre, nous avons nos prédateurs : les oiseaux, les serpents, les gros batraciens, et même vos chats. Soyez gentils, surveillez-les ! Ils ont une mauvaise tendance à vouloir nous pêcher, alors que nous, on ne leur demande rien.

Ne vous fiez d'ailleurs pas à telle ou telle vidéo que l'on peut voir sur la Toile, où un chat fait la bise à un gros poisson qui vient le voir : certes, cela peut se produire, mais cela serait plus improbable avec un poisson plus petit.

Enfin – mais je ne le dis que pour vous – ne nous relâchez jamais dans la nature. Nous n'avons pas peur de nous mélanger avec nos cousins restés sauvages, et nous devenons alors ce que vous appelez une espèce invasive. Nous en profitons même pour devenir gros, très gros, énormes.

Notre place reste celle de l'aquarium, ou mieux, pour le poisson rouge commun, celle d'un bassin de jardin, car nous avons besoin de beaucoup d'espace et de liberté. Un peu comme vous, non ?

Et, croyez-moi, même si mon maître m'a appelé Pinocchio, je ne mens pas ! Avez-vous vu jamais un nez de poisson qui s'allongerait ? Et quel nez, d'ailleurs ?

IV

Un concours de beauté :
un récit de Xiăo Yú

Les concours de beauté ne manquent pas. Il y en a
pour tout le monde : pour les jolies demoiselles, les
messieurs, les chiens, les chats et, bien sûr, pour les
poissons rouges. Pour tous les goûts, en somme. En
tant que « bête de concours », je suis bien placé pour le
savoir.

Même si les poissons rouges sont les animaux les
plus populaires en France, il n'y a pas pléthore de
concours de beauté nous concernant. Quand je dis que
nous sommes les plus populaires, c'est par notre
nombre : nous sommes tout simplement plus nombreux
que les chiens et les chats. Autrefois, les chiens étaient
plus populaires que les chats, et puis les chats les ont
détrônés. Mais nous, nous sommes restés en tête : la
force du nombre, toujours. Pour autant, il n'est pas sûr
que nous recevions autant d'amour que les chiens ou les
chats. J'en doute, à vrai dire. Il est sûr que nous sommes
moins affectueux que les chiens, et moins mignons que
les chats. Et puis, nous n'aboyons pas, nous ne remuons
par la queue de contentement, ni ne ronronnons de
béatitude. Mais est-ce notre faute si la nature nous a
cloîtrés dans un silence parfois pesant ? Que de fois

aurions-nous eu notre mot à dire ? Et personne pour nous écouter, nous comprendre !

Mais passons ! Et revenons aux concours de beauté ! En France, ces concours sont, hélas, souvent purement virtuels : tout se passe sur Internet. Les heureux propriétaires de jolis poissons rouges envoient les photos ou les vidéos de leurs animaux préférés à tel ou tel site qui organise un concours de beauté. Cela manque assurément de convivialité et d'authenticité.

Dans d'autres pays, par contre, c'est un peu plus chaleureux, notamment en Chine. Pour le concours de Fushou, il y a ainsi des milliers de participants, des poissons rouges de toutes les couleurs et de toutes les formes. Car il n'y a pas que le petit poisson rouge commun ! Un poisson rouge peut n'être pas rouge, et n'avoir pas l'air d'un poisson rouge. À Fushou, lorsque j'y étais, les organisateurs avaient ainsi répartis les dix mille participants en seize catégories. Les jurés accordaient leurs votes selon divers critères : la forme, les couleurs, la façon de se mouvoir, l'impression générale.

Il va sans dire que certains poissons rouges avaient des drôles de têtes ! On était bien loin du petit poisson rouge traditionnel ! Même si, moi, Xiǎo Yú, je concourais dans une catégorie on ne peut plus classique. Et inutile de vous faire plus attendre : je n'ai pas eu le premier prix ! Mais bon ! Qu'est-ce que la beauté ? Et puis, on sait bien que l'on ne peut pas plaire à tout le monde ! Mon propriétaire fut un peu déçu : lui, il me trouvait fort beau, mais il n'était pas forcément objectif. Le gagnant de ma catégorie fut une gagnante : une vraie Miss poisson rouge ! Et, ma foi, selon moi, assez sexy. Elle avait de jolies couleurs, une élégance naturelle, et des nageoires chatoyant dans l'onde avec légèreté et une certaine volupté. Un régal pour les yeux, oui ! Une belle à croquer !

Pour vos concours à vous, les humains, il vous faut de jolies demoiselles en maillot de bain, ou de jeunes messieurs bien musclés. Mais chez nous, tout le monde est à poil – enfin, c'est une façon de parler, puisque nous avons des écailles, et non des poils. Il n'empêche, c'est la nudité intégrale. Ce qui est curieux aussi, c'est que, dans les deux cas, les jurés sont humains : pour juger de la beauté des humains, et pour juger celle des poissons rouges. Reconnaissez que si c'est nous qui pouvions être les jurés, les classements seraient sans doute différents.

Aimez-vous les concours de beauté ? Moi, non ! Je parle en tant que concurrent. Ce n'est pas que je sois mauvais perdant, mais les concours, cela implique de voyager, de changer d'environnement, tout ce qui peut effrayer d'honorables poissons rouges qui chérissent avant tout la stabilité, la tranquillité, tout ce qui est paisible et ne change pas. Et puis, la beauté, qu'est-ce que c'est ? Comment la juger, la noter ? Cela dépend vraiment des goûts de chacun. À Fushou, il y avait certes de jolis poissons, mais j'en trouvais aussi d'autres qui me paraissaient horribles. Et, parmi les beaux et les belles, comment discerner les plus beaux et les plus belles ? Comment pourrait-on être plus beau que beau, plus belle que belle ?

Chez vous, les humains, on parle aussi de beauté morale. Là, c'est encore autre chose. La beauté morale, c'est par exemple de nous faire plaisir, de nous nourrir comme il faut et de ne pas nous embêter, de nous laisser en paix, sauf éventuellement, si c'est pour nous sauver d'un danger ou d'une grave maladie. Les humains peuvent alors être beaux. Ils ne le sont pas tous forcément, et ceux qui le sont, ne le sont pas non plus tout le temps.

Beauté, mon beau souci, a écrit justement jadis l'un d'entre vous. *La beauté sauvera le monde*, lui a répondu un autre. Et puis, vos Anciens ont philosophé sur le Beau, le Bon et le Vrai. Le Beau, donc, mais aussi le Bon, ou le Bien, ou le Juste, et le Vrai, et donc la Vérité. Vaste sujet que tout cela ! Mais qui suis-je moi, Xiăo Yú, misérable petit poisson rouge, pour disserter ainsi ? C'est trop pour moi ! Au lieu de vous occuper de moi et de mes semblables (et même de ceux qui ne me ressemblent pas), occupez-vous donc plutôt de vos problèmes philosophiques, et laissez-nous tranquilles, si vous voulez que nous soyons heureux comme des poissons dans l'eau ! *Carpe diem !* dites-vous si bien. Un précepte qui est aussi valable pour les poissons rouges, et que je ne peux que vous encourager à appliquer dans vos rapports avec eux.

V

Au travers de la gorge :
un récit de James

Merci de me donner la parole. Je m'appelle James et j'officie dans un grand hôpital, en tant qu'agent d'agrément. Comme j'évolue dans le milieu médical, j'en connais un rayon en ce qui concerne les relations entre poissons et humains, du moins quand il en résulte des cas cliniques. Je vais vous en citer quelques uns, en remerciant au passage les auteurs qui m'ont raconté ces récits. Certains cas relèvent de la pure bêtise (humaine), tandis que d'autres ne relèvent que de circonstances aussi surprenantes que malheureuses. Attention : âmes sensibles, s'abstenir !

Les cas cliniques décrivant la présence de ce que l'on appelle des corps étrangers insolites dans une cavité naturelle de l'organisme humain sont souvent matière à plaisanterie pour les professionnels de santé comme pour le grand public. Les cas relatés ici ne dérogent pas à la règle, si ce n'est un détail qui tranche singulièrement avec la plupart des cas rapportés dans la littérature médicale : le corps étranger était tout ce qu'il y a de plus vivant, puisqu'il s'agissait à chaque fois d'un poisson, et plus précisément d'un poisson plein de vie, et qui ne demandait qu'à continuer de vivre.

Dans le film *Un poisson nommé Wanda*, un poisson vivant est ingurgité par un des protagonistes. Ce n'est certes pas un exemple à reproduire. En Angleterre, un homme qui avait été filmé faisant ainsi a été condamné pour cruauté envers un animal, et ce n'était que justice, car l'estomac d'un humain n'est vraiment pas un endroit approprié pour l'épanouissement d'un poisson vivant. Il y manque d'oxygène, le taux d'acidité est trop élevé, et l'alcool trop souvent absorbé par ledit humain n'arrange pas la situation.

Le premier cas que je vais vous raconter ne concerne pas un poisson rouge, mais un corydoras bronze, un poison d'aquarium fort populaire, un poisson-chat nain, vivant en eau douce et originaire d'Amérique du Sud. Ce poisson a des défenses naturelles très puissantes – je vais vous le montrer. Le corydoras bronze a, en effet, des épines montées sur ses nageoires pectorales – des épines qui se dressent et peuvent envoyer du venin dans la bouche d'un prédateur qui l'aurait avalé.

L'histoire s'est passée aux Pays-Bas, mais cela aurait pu se passer ailleurs. Des jeunes s'amusaient à avaler des poissons rouges vivants, puis à les faire descendre avec de la bière. Ils s'étaient fortement imbibé de cette boisson et avaient pris de l'ectasy. Un premier jeune, donc, avait avalé un verre d'eau claire contenant un poisson rouge vivant, retiré d'un aquarium, pendant qu'un de ses copains filmait la scène. Puis il avait tenté d'avaler le corydoras, avant de le recracher. Mais un autre jeune, de vingt-huit ans, l'avait attrapé à son tour, avait avalé de la bière, puis le corydoras. Il l'avait aussitôt bien regretté : ledit corydoras ne passait tout simplement pas ! Le jeune l'avait littéralement au travers de la gorge ! Il faut dire que le poisson mesurait plus de cinq centimètres de long et un centimètre et demi de large, et qu'il avait des épines ! Le jeune avait alors voulu avaler plus de bière, mais impossible, il ne pouvait pas. Quelques secondes après, il s'étouffait et vomissait du liquide. Il avait alors voulu vomir le poisson de sa bouche, en mettant deux doigts dans celle-ci, mais sans succès. Un de ses copains avait essayé la méthode de Hemlich pour expulser le corydoras, mais en s'y prenant mal, et sans succès non plus.

L'homme s'était alors mis à cracher du sang. Pour décoincer le poisson, il avait recouru encore à la bière, puis au miel et à la crème glacée (apparemment, tout ce qu'il avait sous la main). Cela avait duré plusieurs heures. Puis il s'était enfin décidé à aller aux urgences d'un centre médical, où il fut vite intubé. Après que l'équipe médicale eut repéré le poisson avec une caméra, il avait fallu un acte chirurgical sous anesthésie générale pour le sortir de là avec une pince. Inutile de dire qu'il était mort.

Mais ce n'était pas fini. Les chirurgiens n'avaient certes pas trouvé de signe de perforation de l'œsophage du jeune homme, mais il avait un hématome et un œdème sur la paroi du larynx. Il avait donc dû garder sa sonde d'intubation. Le patient avait alors été admis en unité de soins intensifs où il avait reçu des antibiotiques en vue de prévenir une infection liée à une bactérie fréquemment présente dans les aquariums.

Le surlendemain, un nouveau scanner avait été réalisé. Il avait montré la présence d'un petit corps étranger dans la partie de l'hypopharynx (le bas du pharynx). C'était la nageoire pectorale gauche du poisson. Une seconde endoscopie avait été effectuée pour la retirer. Les épines du corydoras avaient aussi été retirées, les unes après les autres, tout délicatement. Le patient fut ensuite transféré dans le service d'ORL, où il reçut des antibiotiques par voie intraveineuse pendant deux semaines. Il se remit complètement de sa mésaventure.

Selon les médecins néerlandais, le poisson-chat s'était trouvé en état de détresse après avoir été retiré de son aquarium et placé dans un milieu contenant de la bière. Il avait alors dressé ses épines et s'était retrouvé coincé dans la gorge de l'individu qui l'avait avalé. Ce mécanisme de défense s'était avéré très efficace. En effet, la nageoire pectorale gauche s'était enfoncée si profondément dans l'hypopharynx qu'elle était passée inaperçue à la première endoscopie et n'avait donc pas été retirée à ce moment-là.

L'histoire raconte que le patient a fait « don » (sic) des restes de l'animal au Muséum d'Histoire Naturelle de Rotterdam. Ils ont été montrés lors d'une exposition décrivant dans quelles circonstances animaux et humains peuvent s'affronter, avec des conséquences dramatiques pour les deux parties. Ce fut l'occasion pour les organisateurs de cette manifestation de mettre clairement en évidence la morale de l'histoire, celle de ne pas reproduire ce que montrait l'exposition.

Un autre cas concerne des faits qui se sont déroulés il y a plusieurs dizaines d'années dans dans un village de Malaisie. Un pêcheur avait jeté son filet dans une rizière, puis s'était penché pour apercevoir sa prise lorsque, soudain, un poisson avait jailli de l'eau et était entré dans sa bouche. À l'hôpital de Malacca, le médecin aperçut la queue du poisson à la base de la langue du patient. Il tenta de la saisir avec une pince, mais il ne réussit qu'à la briser, laissant le frétillant animal toujours dans la paroi postérieure du larynx de notre homme qui avait du mal à respirer. Une trachéotomie fut réalisée. Le patient respira alors par le tube introduit dans sa trachée. Cependant les muscles des mâchoires se contractèrent si fortement que le médecin ne put plus ouvrir la bouche du patient pour tenter d'extraire le poisson. Une anesthésie générale fut alors nécessaire pour obtenir une relaxation musculaire et pouvoir ouvrir la bouche du patient. C'est alors que le praticien réussit, grâce à un doigt introduit profondément dans la bouche et à une manœuvre externe au niveau de la gorge, à faire pivoter le corps du poisson, qui se retrouva donc tête en haut, avec ce qui restait de la queue en bas. Il lui suffit alors de retirer l'animal délicatement. Le patient put regagner son domicile deux jours plus tard. Et le poisson ? Il s'agissait d'une perche grimpeuse de 13 cm de long et de 8 cm de diamètre. La perche grimpeuse est surtout un poisson sauteur qui peut quitter l'eau car, doté d'un organe accessoire, il possède une respiration aérienne complémentaire qui lui permet de survivre dans des eaux faiblement oxygénées durant la saison sèche.

En 2013, des médecins réanimateurs australiens ont décrit le cas d'un homme de 22 ans venu pêcher avec des amis en Nouvelle-Galles du Sud. Pour fêter sa première prise, l'homme avait ouvert la bouche, sorti la langue et embrassé le poisson vivant. Celui-ci lui avait alors glissé des mains et était venu se planter dans sa gorge, provoquant immédiatement une obstruction des voies aériennes et une détresse respiratoire. Ses camarades tentèrent bien d'extraire le poisson, mais n'y parvinrent pas. Le malheureux pêcheur perdit alors connaissance et fut transporté par ses amis vers l'hôpital le plus proche, à dix minutes de là. Les médecins introduisirent en extrême urgence un tube dans la trachée pour aider notre homme à respirer, puis le patient fut immédiatement transféré dans un hôpital mieux équipé. Le poisson qui obstruait l'arrière-gorge ne put être retiré en un seul morceau, du fait que ses épines et ses nageoires adhéraient fortement à la muqueuse de l'œsophage et de l'hypopharynx, (déjà rencontré ailleurs). Redoublant d'effort, les chirurgiens parvinrent à passer des ciseaux le long des parois latérales du poisson et à l'extraire de la partie supérieure de l'œsophage. Les épines et les nageoires restantes furent ensuite patiemment retirées. Le patient fut transféré en unité des soins intensifs, où il développa une pneumonie. Par la suite, il se rétablit parfaitement et, pas rancunier, s'adonna même de nouveau à la pêche.

Malheureusement, d'autres histoires furent plus dramatiques. Je veux dire plus dramatiques pour les humains, car les précédentes avaient déjà été fatales pour les poissons.

En matière d'ingestion de poisson vivant, le record est, semble-t-il, détenu par une jeune femme italienne de 19 ans, schizophrène, qui avait avalé en 2016 une sole entière. Le poisson, de 18 cm de long et d'une largeur maximale de 6 cm, pesait 118 grammes. La sole, tête en bas, occupait les deux-tiers de la longueur de l'œsophage. La nageoire caudale se situait au niveau de l'arrière-gorge. Du fait des écailles et de la surface gluante, le poisson avait adhéré aux parois du larynx et complètement obstrué le conduit, provoquant ainsi rapidement la mort par étouffement.

En 2003, des médecins légistes portugais ont rapporté le décès par étouffement d'un pêcheur qui avait mis une sole vivante entre ses dents afin de libérer ses mains, de telle façon qu'il puisse prendre plus de poissons et les mettre dans son panier. Le poisson se redressa et s'engagea, tête la première, dans sa bouche, puis s'enfonça dans le larynx et la trachée du malheureux pêcheur. Ses camarades tentèrent en vain de retirer le poisson en utilisant des pinces mais n'y parvinrent pas. Ils coupèrent la queue de la sole, mais le corps du poisson resta coincé au fond de la gorge. À l'autopsie, les légistes découvrirent un poisson plat de 9 cm de long, 4 cm de large, pesant 24 grammes. La tête du poisson était dirigée vers la gorge du pêcheur, les nageoires et les écailles fermement attachées à la muqueuse de la trachée, ce qui explique les vaines tentatives de ses amis. Durant l'autopsie, il fut impossible d'extraire le poisson en utilisant des manœuvres externes ou des instruments. Les légistes n'y parvinrent qu'après avoir sectionné la trachée aux ciseaux.

Au cours de ces quelque trente dernières années, trois autres décès imputables à une obstruction des voies respiratoires après ingestion d'un poisson vivant ont été rapportés dans la littérature médicale. En 1992, en Papouasie-Nouvelle-Guinée, un enfant de 14 ans avait voulu tuer un poisson de récif qu'il avait pêché en le mordant. Celui-ci, qui mesurait 14 cm de long, se logea dans le pharynx, provoquant la mort de l'adolescent, malgré les efforts des médecins pour le réanimer.

Faut-il terminer sur une note aussi triste ? Et maudire les poissons ? Non. Tout d'abord, précisons que les poissons, et spécialement les poissons rouges, ne sont coupables de rien, car eux, ne demandent rien. Et puis la liste est longue de tout ce que l'homme a pu introduire, volontairement ou non, dans ses orifices naturels. Un exemple : en décembre 2022, un homme de 88 ans a provoqué l'évacuation partielle de l'hôpital Sainte Musse de Toulon, car il avait un obus de la 1ère Guerre mondiale coincé dans l'anus. Un obus de 18 cm de long, et 9 de large... Les démineurs ont dû vérifier que l'engin était sans danger. Il a été retiré par l'abdomen du patient. Incroyable, mais vrai.

Des jeux sexuels qui finissent mal ne sont pas rares non plus et, une fois encore, même des poissons, rouges ou non, ont pu en faire les frais, au prix de leur vie parfois.

Vous n'avez pas, en tout cas, à avoir peur de vos poissons rouges ! Ils ne vous feront jamais de mal ! Les aquariums que l'on peut trouver chez les dentistes, ou ailleurs, sont là pour vous apaiser, non pour vous effrayer. Mais, si vous allez à la pêche, méfiez-vous autant des hameçons que des poissons. Les hameçons peuvent vous blesser gravement, surtout si vous les recevez dans l'œil. Quant aux poissons, fort mécontents d'être pris, ils peuvent toujours vous jouer un mauvais tour. Après tout, ils se défendent, et c'est bien normal. Mieux vaut donc les laisser tranquilles, non ? C'est ce que doivent penser les poissons, devez-vous penser, si vous pensez que les poissons peuvent penser.

Mais si les poissons pensent, c'est à court terme. Et, pour la pêche, ce n'est pas si simple, je vous l'accorde. Bien sûr, je compatis au sort de mes cousins qui mordent à l'hameçon. Mais les pêcheurs, par le biais de leurs associations, contribuent à surveiller l'état des cours d'eau. Au besoin, ils peuvent entreprendre des opérations de sauvetage quand des poissons risquent de mourir par manque d'eau, en cas de sécheresse. Ils peuvent aussi réaliser des opérations de repeuplement là où les poissons manquent ou sont en voie de disparition.

Et puis, la pêche à la ligne n'est pas la pêche industrielle ! Loin de moi donc l'idée de criminaliser le pêcheur à la ligne. Tuer pour manger, c'est la loi du règne animal. Je ne vais donc pas m'en offusquer. La nature n'est pas forcément pour les âmes sensibles. C'est la loi du plus fort ou du plus rusé, du plus apte en tout cas. Avec la pêche à la ligne, c'est un homme contre un poisson. L'homme n'est pas ici un criminel, mais plutôt quelqu'un de paisible et de patient. Par contre, avec la pêche industrielle, on passe dans une autre dimension, un combat inégal où les poissons n'ont presque plus aucune chance d'en réchapper. Dans ce cas, c'est la survie même de certaines espèces de poissons qui peut être menacée. Je comprends, certes, que vous nous aimiez, nous les poissons, même dans vos assiettes. Mais à trop nous aimer de cette façon, vous risquez de ne plus nous attraper du tout, car il n'y aura plus rien à attraper !

En tant que poisson rouge, je n'ai jamais eu tous ces soucis. Oh ! si, c'est vrai ! J'oubliais que j'ai été pêché avec une épuisette dans l'aquarium d'une animalerie, avant de venir ici, à l'hôpital. Mais c'était il y a bien longtemps. Et, depuis, c'est bien paisiblement que je regarde tous les humains qui viennent ici, sachant qu'il est quand même peu probable que j'en croise un qui ait un poisson coincé dans la gorge. En général, ils ont plutôt, entre autres, un chat dans la gorge. Mais c'est là une autre histoire...

VI

À cœur ouvert :
un récit de Nemo et de ses copains

Si l'homme, à l'égard des poissons en général, et notamment des poissons rouges, a beaucoup à se faire pardonner, l'homme est aussi capable du meilleur pour son animal favori.

Je m'appelle Nemo, j'ai cinq ans, et j'habite une ville au nord de Londres. Quand mes maîtres ont compris que je n'allais pas bien, ils ont fait tout leur possible pour me sauver, à n'importe quel prix. Ils ont même fait deux cents kilomètres pour que je sois opéré d'une tumeur à l'hôpital vétérinaire de Bristol. L'opération a duré quarante-cinq minutes pendant lesquelles j'étais endormi et hors de l'eau. Ma tumeur, presque aussi grande que moi, a pu ainsi être enlevée.

À un moment donné, mon cœur a même cessé de battre, ce qui a causé une grande frayeur aux personnes qui s'occupaient de moi. Heureusement, l'infirmière anesthésiste a réussi à me réanimer !

De telles opérations ne sont pas fréquentes : les maîtres rechignent à dépenser des centaines d'euros (ou de livres, ici), pour un animal de compagnie si petit, et dont la valeur marchande est assez modeste. Mais la valeur marchande est une chose, la valeur sentimentale en est une autre et, quand on aime, on ne compte pas.

Maintenant, je laisse la parole (sic) à Georges :

– Merci, Nemo ! Moi, j'ai dix ans, et je récupère, ici en Australie, après avoir été opéré d'une tumeur au cerveau – une opération délicate, à haut risque, vous vous en doutez, qui a duré une demi-heure. Le médecin qui m'a opéré ne pouvait pas se permettre de perdre un demi millilitre de sang. Pour lui, cette opération, ce n'était pas une première, mais pour moi, si ! Je n'en dis pas plus, je laisse maintenant la parole (toujours!) à Roméo, un poisson rouge français, cette fois !

– Merci, Georges ! Moi, j'ai six ans, et je suis français, c'est vrai. Et en France aussi, on sait s'occuper des poissons ! Cocorico ! Si je suis encore en vie, c'est grâce à mon maître. J'avais une tumeur maligne. Hubert, mon maître – un Niçois à la retraite – a persuadé son vétérinaire de Cannet de m'opérer, malgré les difficultés de l'intervention. C'était une première pour lui. J'ai été traité au laser en séquences d'une minute à une minute et demie à chaque fois. Comme je m'évanouissais par asphyxie, cela faisait office d'anesthésie gazeuse. Mais ma tumeur était très agressive. Après l'opération, j'avais encore une énorme boursouflure. Le vétérinaire a dû me réopérer. Il m'a enlevé une large zone autour de la tumeur, ainsi que la nageoire dorsale. Après l'opération, cela m'a fait tout bizarre, puis j'ai fini par retrouver mes marques.

Maintenant, laissez-moi vous raconter une histoire que l'on m'a racontée, à propos d'un poisson rouge américain, dont je ne connais malheureusement pas le nom. C'est l'histoire d'un poisson rouge... en fauteuil roulant !

Le propriétaire d'un poisson rouge avait demandé de l'aide à un jeune homme de vingt ans nommé Derek qui s'occupait d'un aquarium à San Antonio, au Texas. Le poisson rouge en question avait du mal à flotter et à nager. Derek avait tout d'abord pensé à des solutions classiques, comme changer l'alimentation du poisson, ou revoir le traitement de l'eau de l'aquarium. Mais ce fut en vain. Derek a alors pensé à une autre solution : fabriquer une sorte de fauteuil roulant ! Il a placé des tubes à air utilisés en aquariophilie autour du poisson rouge, avec des vannes en-dessous pour qu'elles opèrent un peu comme des roues. Puis il y a ajouté des poids et un morceau de polystyrène au-dessus du poisson pour le garder à flot.

Avec ce fauteuil roulant, le poisson rouge, qui était coincé au fond de son aquarium, a pu à nouveau nager à son aise. Quant à Derek, il a connu son petit succès sur Internet grâce à son ingénieux fauteuil roulant. Plutôt que d'un fauteuil roulant, il faudrait d'ailleurs parler d'un fauteuil volant, un peu comme celui que les astronautes utilisaient autrefois lors de leurs sorties extra-véhiculaires. Enfin, on ne vole pas dans l'eau : il faudrait alors parler de fauteuil aquatique. Sauf que ce n'était pas non plus un fauteuil : mais comment l'appeler, alors ?

Quoi qu'il en soit, c'était génial, et c'était un exemple de plus de ce que vous, les humains, pouvez faire parfois de bien pour nous, les poissons.

De quoi nous faire oublier tout le mal que vous pouvez nous faire, comme nous mettre dans des boules en verre ou des aquariums trop petits, nous avaler, nous mettre je ne sais où ?

Peut-être pas, les poissons peuvent avoir la mémoire tenace, et ne pas tout oublier si vite. Mais moi, Roméo, je salue quand même au passage tous ceux qui œuvrent à notre protection, les maîtres bienveillants, les soigneurs, les associations, et tous nos amis. Merci à vous tous !

J'en profite aussi pour vous demander au passage, si dans votre entourage ou ailleurs, vous ne connaîtriez pas une jolie femelle appelée Juliette...

Si oui, merci de me contacter au plus vite !

VII

En voiture, s'il vous plaît !
Un récit de Patate

Moi, c'est Patate, et je suis un poisson rouge femelle (une poissonne, donc) tout ce qu'il y a de plus ordinaire, mis à part que j'ai été embarquée dans une histoire policière que je vais vous narrer.

Tout a commencé dans un train, ou peut-être avant, qui sait ? Qui sait, oui, pourquoi les gens font ce qu'ils font ? Si, par exemple, vous oubliez quelque chose dans un train, ce peut être pour mille et une raisons : soit, bien sûr, parce que vous êtes quelqu'un d'étourdi par nature, soit parce que toute une série d'événements ont pu vous distraire. Vous avez pu ainsi vous lever du pied gauche après une mauvaise nuit, votre petit-déjeuner était trop chaud ou trop froid, vous étiez de mauvaise humeur contre quelqu'un de votre famille, un collègue ou une autre connaissance, voire contre vous-même, au sujet de ceci ou de cela, ou à cause de la météo, du bruit causé par les voisins, des nouvelles entendues à la radio ou à la télé, de votre solitude, de votre mal au dos ou ailleurs, ou je ne sais quoi encore.

Avec tout ça, quand vous prenez le train, avec tous ces soucis, toutes ces pensées, tout ce que votre cerveau mouline, ce que vous ruminez, comment ne pas oublier ce colis que vous avez placé sous votre siège ? Placé, non caché. Mais les autres peuvent croire que vous l'avez caché, que quelqu'un l'a caché, et que s'il l'a caché, c'est qu'il avait de mauvaises intentions. Il y aurait peut-être anguille sous roche. Et quand les médias parlent d'attentats, de terrorisme, quoi de plus normal que de penser, d'imaginer le pire ? Comme un colis piégé, par exemple.

Ce jour-là, les vingt-quatre passagers du TER Lisieux-Trouville furent donc évacués peu après le départ du train, et acheminés par autocar jusqu'à destination, où ils arrivèrent avec une heure de retard. Quant au colis suspect, des démineurs furent appelés pour s'en occuper. Il semblait contenir un liquide. Après vérification, il ne contenait, en fait, que des poissons rouges – moi, Patate, et tous mes copains et copines. Les démineurs, qui n'avaient pas la mine déconfite, nous découvrirent serrés comme des sardines, ou presque, pas frais comme des gardons en tout cas, car nous avions souffert du voyage et de l'obscurité. Nous n'étions pas assez en forme pour leur faire des yeux de merlan frit, mais nous étions vivants, et c'était bien là l'essentiel.

Il est vrai qu'il n'est pas facile de faire voyager des poissons rouges, tout en s'assurant au mieux de leur bien-être. Les meilleures volontés peuvent d'ailleurs se tromper du tout au tout. C'est ainsi qu'un habitant de Taïwan a imaginé que nous pourrions prendre du plaisir à nous promener dehors. Mais comment ? Pas avec une laisse, c'est sûr, mais alors ? Il a imaginé une sorte de poussette pour poissons rouges, soit un aquarium monté sur roulettes. Dedans, il y a mis trois poissons, assez gros, et il est parti les promener, sans leur demander leur avis. Selon lui, cela devait leur plaire, les stimuler, leur faire voir autre chose que leur univers quotidien. Mais c'était ignorer la psychologie des poissons. Car, oui, bien sûr, il y a une psychologie des poissons, comme il y a une psychologie des araignées, des fourmis et des vers de terre. Les chiens, les chats, voire les humains, n'en ont pas le monopole, loin de là !

L'aquarium ambulant était trop petit et, de plus, nous les poissons, nous n'aimons pas le changement. Ni les secousses inhérentes au transport par poussette. Donc zéro pointé pour cette invention !

Mais pourquoi, nous les poissons, ne prendrions-nous pas le volant ? Après tout, pourquoi pas ?

Justement, un véhicule conduit par un gros poisson rouge a eu dernièrement un certain succès sur Internet, mais ce n'était pas une première. Il y avait déjà eu un autre exemple aux Pays-Bas.

En Israël, il s'agissait d'une expérience menée par une équipe de recherche de l'Université Ben Gourion, dans le désert du Néguev. Le véhicule des chercheurs israéliens était constitué d'un réservoir d'eau en plexiglas sur une plateforme roulante motorisée, munie d'un système apparenté à un radar. Des caméras avaient été attachées au dispositif pour suivre le mouvement du poisson. Le véhicule avait été conçu pour détecter la position du poisson dans le réservoir d'eau et réagir en activant les roues, de sorte que le véhicule devait se déplacer dans la direction spécifique en fonction de la position du poisson. Les caméras étaient liées à un ordinateur guidant le véhicule. Lorsque le poisson rouge se rendait dans la partie avant de l'aquarium, le véhicule avançait et, lorsque le poisson restait dans la partie arrière, le véhicule restait immobile.

Les scientifiques israéliens avaient placé une cible rose à l'extérieur du véhicule. Lorsque le poisson rouge parvenait à l'atteindre, dans une pièce de trois mètres sur quatre, il recevait dans son aquarium 0,002 gramme de granulés alimentaires en guise de récompense. Après quelques jours, le poisson avait réussi à atteindre la cible sans s'égarer, quel que fût son point de départ, même si elle était déplacée, et en évitant les culs-de-sac, ainsi que les fausses cibles.

En tout, six poissons rouges ont ainsi appris à conduire, mais un seul à la fois. Quant au véhicule, il filait quand même par à-coups à une vitesse légèrement supérieure à 1,5 km/h.

Un dispositif similaire avait fait circuler un autre véhicule aux Pays-Bas en 2014, sans compter des expériences avec des chiens et des rats pilotant leurs propres engins, mais l'expérience israélienne visait à faire conduire des poissons rouges de façon répétée vers une cible pour tester la capacité d'une espèce à naviguer sur un terrain étranger. D'autres études seraient certes nécessaires pour poursuivre l'expérience dans un milieu ouvert, donc plus complexe. Après les voitures autonomes, verrez-vous donc un jour sur vos routes, vous les humains, des voitures conduites par des poissons rouges ? Qui sait ?

On pourrait avoir des doutes sur l'utilité de telles expériences. Elles sont pourtant essentielles. Elles ont montré que la façon dont l'espace est représenté dans le cerveau du poisson et les stratégies qu'il utilise, peuvent être aussi efficaces dans un environnement terrestre que dans un environnement aquatique. On peut supposer qu'il en est de même pour d'autres espèces. Cela peut ouvrir des perspectives prometteuses. Par exemple, en matière de science footbalistique. Si vous cherchez bien sur Internet, vous pourrez ainsi voir des poissons rouges auxquels on a appris à jouer au foot. Mais oui ! Au foot, certes, mais dans l'eau quand même, faut-il le préciser. Le poisson rouge *goldfish* devient alors le poisson rouge *goalfish*. C'est toujours grâce à la perspective d'une récompense que vous pouvez nous en apprendre beaucoup, à nous les poissons rouges ! Pour vous, c'est amusant. Nous, on y gagne notre nourriture et, éventuellement, votre sympathie, surtout au foot. De plus, on fait quand même avancer la science. Et le foot, peut-être aussi.

Bref, nous les poissons, on avance partout : dans l'eau, sur terre et dans les airs ! Cela vous étonne ? Dans l'eau, vous n'en doutez pas. Sur terre : certains poissons se servent de leurs nageoires pectorales comme des pattes, et peuvent respirer hors de l'eau sans problème. Dans les airs : vous connaissez les exocets, les poissons volants. Certes, ils planent plus qu'ils ne volent. En tout cas, ils n'utilisent pas leurs nageoires comme des ailes. N'empêche, ils vont bien dans les airs. Et puis, il y a les pluies de poissons.

Ces pluies ne concernent que de petits poissons de moins de dix centimètres, comme des sardines ou de petites carpes. Éventuellement, des insectes ou des grenouilles peuvent être concernés : une pluie de grenouilles fut une des dix plaies d'Égypte, selon la Bible. Comme explication, les scientifiques évoquent une sorte de tornade appelée trombe. La trombe naît à la surface d'étendues aquatiques, comme des mares, des fleuves, des mers ou des océans. De forts tourbillons seraient ainsi capables d'aspirer ces animaux qui seraient relâchés plus loin. Une mare peut être asséchée avec tous ses habitants. Ceux-ci sont emportés par la colonne d'air en altitude. Ils peuvent ensuite retomber, avec ou sans précipitations, vivants ou non, parfois gelés même.

Quand vous sortez de chez vous, faites donc attention aux poissons qui pourraient vous tomber sur la tête !

VIII

Moïse sauvé des eaux :
un récit de Moïse

L'histoire se passe à Trèbes, dans le département de l'Aude, deux jours après de violentes inondations. Un pompier remarque un poisson rouge – moi, Moïse – sur la chaussée, dans un nid-de-poule abritant une flaque d'eau boueuse.

Nicolas, le pompier héraultais, me met dans un seau et m'emmène alors chez lui, à Montpellier, puis créé une page Facebook à mon nom, pour raconter mon l'histoire. Il me surnomme du nom quelque peu prédestiné de *Moïse sauvé des eaux*. Nicolas lance aussi un appel sur Internet pour retrouver mes propriétaires. L'amie de Nicolas lui avait en effet suggéré qu'un enfant pleurait peut-être un poisson rouge disparu.

Voici le texte de cet appel :

« Je m'appelle Moïse. Je suis un poisson rouge. Mon histoire est folle ! À l'instar de Nemo, mon cousin le clown. J'étais tranquillement en train de buller dans mon aquarium dans la région de Trèbes quand, soudain, en pleine nuit, une vague a submergé mon habitat et la merveilleuse famille qui s'occupait de moi. Je ne me souviens plus si j'étais seul dans mon aquarium : mémoire de poisson rouge, vous avez dit ? En revanche, je me souviens très bien que toute cette eau est venue tout saccager sur son passage ! Je me suis trouvé emporté par le courant. Le courant trop fort pour mes petites nageoires. J'ai fini dans un nid-de-poule sur la route, fort heureusement rempli d'eau, mais sans nourriture. Il aura fallu la venue d'une équipe de pompiers venue de loin pour me sauver d'une mort certaine. Ils m'ont récupéré, chouchouté, et même appris à écrire comme vous pouvez le voir. Ils sont forts ces pompiers. Que mes proches se rassurent, je vais bien. Ici, on s'occupe bien de moi. Toutefois, la petite famille que je gardais me manque terriblement. J'aimerais beaucoup la revoir. Hélas, je ne me souviens plus de qui il s'agit... Mais mon hôte me dit qu'avec l'aide des réseaux sociaux, on peut toujours essayer de les retrouver. Ils doivent se sentir perdus sans moi. Aussi, je fais appel à votre générosité : veuillez partager ce groupe et y inviter tous vos amis pour qu'ensemble, nous retrouvions mes proches. Je compte sur vous. Moïse (enfin peut-être...) »

Par la suite, Nicolas postait (ou plutôt moi !) un nouveau message :

« Bonjour la planète ! Je tenais à vous remercier de prendre soin de moi. Votre élan de solidarité me touche du fond de mon aquarium. Il semblerait que mes frères et sœurs ont été retrouvés également par les pompiers de Perpignan venus également en renfort la semaine dernière. Ils m'ont communiqué l'adresse de mon possible chez moi ! C'est une excellente nouvelle ! Je n'en crois pas mes nageoires, tellement de partages et de messages de soutien de votre part auront réussi à retrouver ma famille, si vite... En plus, je crois que je vivais dans une mare, c'est trop bien. Je vous tiens informé dès que possible. Pleins de bulles. Moïse. »

Pour moi, Moïse, c'est alors le début de la célébrité : l'appel est partagé sur les réseaux sociaux, et plusieurs articles de presse lui sont consacrés. L'originalité, c'est aussi que c'est moi-même qui m'exprime, grâce à Nicolas. Je salue aussi d'autres pompiers, originaires des Pyrénées-Orientales, qui ont eux-aussi permis de sauver trois poissons rouges dans le même secteur, dont un dans une poubelle. Pour ma part, je n'ai pas eu à attendre longtemps pour que l'on en sache tout sur moi. Le message sur Facebook, relayé par France Bleu Hérault, a permis de retrouver ma propriétaire, une retraitée de Trèbes, grâce à sa belle-fille. Il y avait eu auparavant, lors de l'inondation, entre deux et trois mètres d'eau dans la rue.

Je vivais auparavant dans une mare, à Trèbes, en compagnie d'une cinquantaine de poissons (mais oui ! on était loin du petit enfant pleurant son poisson rouge, mais bon, ne chipotons pas !) – dont ceux retrouvés par les pompiers catalans. Les poissons avaient été emportés quand l'eau de la mare avait débordé.

Ma propriétaire a demandé à Nicolas de me garder quelques jours encore, le temps de nettoyer sa maison et son jardin, avec la fameuse mare.

En tout cas, Nicolas a été fort impressionné par tout ce que son appel sur Internet avait déclenché. Un petit geste d'humanité, au départ, devenu tout un élan de sympathie pour un poisson rouge et son ou sa, petit ou petite, grand ou grande, propriétaire dont on ne savait pas encore ni le nom, ni l'âge.

Ailleurs, peut-être dans d'autres circonstances, nul doute qu'un petit enfant a réellement perdu son ou ses poissons rouges. Même des poissons rouges sachant nager, quand ils sont emportés par les flots, peuvent finir noyés, n'en déplaise à la célèbre comptine :

Les petits poissons dans l'eau
Nagent, nagent, nagent, nagent, nagent
Les petits poissons dans l'eau
Nagent aussi bien que les gros.

Maintenant, je vais laisser la parole à Stop. Il paraît que son histoire est vraie.

Comme on dit en Italien : *Se non è vero, è bene trovato.*

Autrement dit : *Si ce n'est pas vrai, c'est bien trouvé.*

Mais il paraît que c'est vrai...

IX

Après l'eau, le feu :
un récit de Stop

L'eau et le feu ne font pas bon ménage, c'est bien connu. L'eau éteint le feu, c'est bien connu aussi, mais saviez-vous que l'eau peut allumer le feu ?

L'un de mes très lointains cousins – un grand gaillard d'une vingtaine de centimètres, et non un petit poisson rouge – était dans son aquarium, en Angleterre, quand il s'est chamaillé avec un de ses compagnons. Les remous de la bagarre ont éclaboussé la fiche électrique de la lampe de l'aquarium. Il y a eu un court-circuit, et le couvercle de l'aquarium a brûlé, fondu et coulé sur le sofa en cuir qui a pris feu. Les occupants du logement, qui étaient à l'étage, ont été sauvés grâce au détecteur de fumée. Par contre, les six poissons n'ont pas survécu.

Poisson pyromane, avez-vous dit ? C'est aussi le nom que l'on m'a donné, mais mon histoire est quelque peu différente. Écoutez plutôt. Mon vrai nom est Stop. Je suis un poisson rouge et, en 2015, à Pontarlier, dans le Doubs, il m'est arrivé une drôle d'histoire.

En l'absence d'Éliane, ma maîtresse, je barbotais bien tranquillement, seul dans mon bocal (le fameux bocal rond !) , sur la table en osier du salon. Il faisait beau, et le soleil tapait fort. Très fort. Les rayons du soleil passaient par les vitres du salon, puis par le verre du bocal. La chaleur de l'astre du jour, accentuée par l'effet loupe de la vitre et du bocal, aurait provoqué un réchauffement du meuble qui aurait alors pris feu. La fumée fit en tout cas déclencher le détecteur d'incendie. Les voisins prévinrent les pompiers qui arrivèrent avec la grande échelle. Tout le monde craignait pour Éliane, ma maîtresse (et personne pour moi, soit dit en passant).

Plus de peur que de mal ! Pas même un incendie. Mon bocal s'était fendu et cassé, l'eau s'était répandue sur le meuble, éteignant ainsi tout départ de feu. Quant à moi, je gisais dans un peu d'eau, toujours vivant !

Ma propriétaire a déclaré au journal régional *L'Est républicain* : « Les pompiers m'ont dit qu'ils n'avaient jamais vu ça ! Pffff, moi, ça m'a coupé les jambes toute la journée. C'est quand même une drôle d'histoire, non ? On a eu chaud. Quand je suis arrivée et que j'ai vu tout ce monde, j'ai cru que c'était grave. C'est trop d'émotions pour moi ». Elle a ajouté : « Quand on est arrivé, Stop était dans une flaque d'eau toute noire, mais il a tenu bon. Vin diou, ce poisson c'est quand même un costaud ! On l'a mis dans un bol le temps que j'aille lui acheter un autre bocal. Je l'ai depuis un an. Je m'en souviens, quand je l'avais choisi dans le magasin, le vendeur m'avait dit qu'il ne tiendrait pas huit jours si je ne mettais pas un système de pompe dans mon aquarium ».

X

En prison :
un récit de Jaunisse

Un bac à légumes d'un frigo transformé en aquarium, cela vous inspire-t-il ? C'est en tout cas ce que j'ai connu, moi, Jaunisse, avec mes copains poissons rouges Tomate et Potiron.

Pourquoi mettre des poissons rouges dans un tel endroit ? Pour les cacher ! Car tout cela se passait dans une prison, celle de Nancy-Maxéville, en 2019.

Nous avons été découverts lors d'une fouille de routine, dans une cellule occupée par deux hommes. Le personnel pénitentiaire n'avait jamais vu ça ! Il y avait aussi trois grammes de cannabis, rien d'exceptionnel, mais des poissons rouges, c'était une première !

Des poissons rouges en prison, cela peut donner aux détenus un air de liberté, comme à l'extérieur, mais le personnel n'a pas apprécié. Une déléguée syndicale a ainsi expliqué que c'était la preuve que l'on pouvait faire entrer n'importe quoi en prison, tout simplement parce que le personnel n'avait pas l'autorisation de fouiller les familles lors des visites. Les poissons rouges sont certes inoffensifs. Mais, selon la syndicaliste, à la place des poissons rouges, il aurait pu y avoir un scorpion ou un serpent. En tout cas, mes copains et moi, on a tous été saisis, entre des smartphones, de la drogue et de l'alcool, bref comme toute chose interdite en prison. Même si la prise du personnel pénitentiaire sortait quand même quelque peu de l'ordinaire.

Dans le Gard cette fois, un jeune homme a été interpellé pour avoir lancé, depuis l'extérieur et par dessus le mur de la prison, des stupéfiants, des aliments, et... deux poissons rouges. Il destinait le tout à un proche, « pour détendre l'atmosphère » a-t-il dit.

L'homme a été arrêté et placé en garde à vue. Les poissons rouges ont, eux, été récupérés, après avoir survécu sans trop de mal à leur vol Pour celui-ci, ils avaient été placés dans des bouteilles renforcées, afin que le plastique ne se brise pas lors de l'atterrissage dans la cour de la maison d'arrêt.

Nous, les poissons rouges, nous sommes déjà enfermés. Faut-il en plus nous mettre dans une de vos prisons pour donner une impression de liberté, un moment d'évasion à vos détenus ?

Je vous laisse philosopher sur le sujet.

XI

Le bien-être animal :
un récit de Bubulle

Pendant longtemps, trop longtemps, on a donné des poissons rouges lors des fêtes foraines, en tant que lot gagnant de tel ou tel jeu. Heureusement, en France, cette pratique est désormais interdite.

À l'époque, nul ne se souciait du bien-être des poissons : c'était du temps du petit poisson rouge solitaire dans son petit bocal, un poisson qui se trouvait bien seul, avec juste, à la rigueur, quelque décor en plastique. Alors même qu'un poisson rouge a besoin de compagnons et d'espace pour se développer et s'épanouir pleinement.

Moi, Bulle, j'ai eu plus de chance. Dès le départ, j'ai toujours eu des copains, et je n'ai jamais connu le sinistre bocal. Je n'ai jamais connu, aussi loin qu'il m'en souvienne, que mon aquarium, où je ne tourne pas en rond, puisqu'il n'est pas rond, mais où je vais ici et là, à droite, à gauche, en haut, en bas. Bref, j'ai assez d'espace pour bouger à ma guise.

Vous allez me dire qu'un aquarium, cela reste une prison. Mais si la prison est grande, très grande, pourquoi pas ? À condition, encore, d'avoir des copains, car tout poisson rouge digne de ce nom est un être sociable par nature. Des copains, mais pas trop, non plus : gare à la surpopulation carcérale ! Mais non ! Mon aquarium, ce n'est pas une prison pour moi, puisqu'il est assez grand et que nous ne sommes pas trop nombreux. Et puis, on est nourris et logés.

En matière d'aquariums, il y en a pour tous les goûts. On en a vus de toutes les formes, comme des téléviseurs, des chaussures, des cabines téléphoniques, ou dans de vraies chasses d'eau. Mais cette originalité se paie souvent au détriment de notre bien-être. Si nous manquons d'espace et de lumière, non merci ! Et comme, une fois morts, nous finissons bien souvent dans les sanitaires, inutile de nous mettre, vivants, dans une chasse d'eau ! On aimerait quand même connaître autre chose de la vie ! Bon ! Une fois morts, on ne demande pas forcément une sépulture dans un cimetière comme vous, mais entre la perspective de finir dans la cuvette des toilettes et celle de terminer dans la poubelle, on aimerait au moins pouvoir profiter décemment de la vie avant !

Serions-nous mieux dans la nature ? Dans un bassin de jardin, peut-être. Mais à condition qu'il ne soit pas trop exposé au soleil, car à cause de toutes les canicules, dans une eau trop chaude, nous manquons d'oxygène, et nous mourons. Par contre, si l'eau est bonne, c'est le paradis ! Dans un tel bassin, on ne s'ennuie jamais. Il y a toujours quelque chose à faire, un insecte à manger ou un danger à fuir. C'est la liberté ! Et puis, dans un bassin de jardin, la température de l'eau varie selon les saisons, ce qui est propice à notre reproduction, contrairement à l'aquarium. Quelle aventure, alors ! Celle de la vie qui se perpétue – du moins si personne ne croque nos marmots, je ne sais quelle bestiole, ou même quel poisson rouge inconscient, fût-il même le géniteur desdits marmots ! Il faut dire que nous n'avons pas vraiment l'esprit de famille, avec nous c'est du chacun pour soi, de notre naissance à notre mort. Nous avons toujours fonctionné ainsi, alors qui viendrait nous le reprocher ?

En tout cas, le bassin de jardin, c'est bien ! Mais la nature sauvage, les cours d'eau, les lacs, les étangs, ce n'est pas pour nous ! C'est vous qui l'avez décrété : nous sommes une espèce invasive. Nous, cela ne nous dérange pas. On vient, et on s'installe. On devient alors vite les maîtres. On croît en taille et en quantité, et on envahit notre nouveau cadre de vie. Tant pis pour les autres espèces ! On menace la biodiversité, dites-vous. Mais est-ce notre faute ? Je vous rappelle que c'est vous qui nous avez créés, à force de sélections, et qui nous avez fait voyager dans le monde entier, depuis notre Asie natale. Si notre présence vous gêne parfois, vous en êtes donc les seuls responsables, non mais !

Et puisque vous me donnez la parole, je continue ! La Déclaration universelle des droits de l'animal, vous connaissez ? Non ? Je m'en doutais ! Il n'y a pas que la Déclaration universelle des droits de l'homme ! Celle des droits de l'animal existe aussi ! Rédigée par la Ligue internationale des droits de l'animal, elle a été proclamée solennellement à la Maison de l'UNESCO en 1978. Je vais vous la citer.

« Préambule :

Considérant que la Vie est une, tous les êtres vivants ayant une origine commune et s'étant différenciés au cours de l'évolution des espèces,
Considérant que tout être vivant possède des droits naturels et que tout animal doté d'un système nerveux possède des droits particuliers,
Considérant que le mépris, voire la simple méconnaissance de ces droits naturels provoquent de graves atteintes à la Nature et conduisent l'homme à commettre des crimes envers les animaux,
Considérant que la coexistence des espèces dans le monde implique la reconnaissance par l'espèce humaine du droit à l'existence des autres espèces animales,
Considérant que le respect des animaux par l'homme est inséparable du respect des hommes entre eux,

Il est proclamé ce qui suit :

Article 1
Tous les animaux ont des droits égaux à l'existence dans le cadre des équilibres biologiques.
Cette égalité n'occulte pas la diversité des espèces et des individus.

Article 2
Toute vie animale a droit au respect.

Article 3

1. Aucun animal ne doit être soumis à de mauvais traitements ou à des actes cruels.

2. Si la mise à mort d'un animal est nécessaire, elle doit être instantanée, indolore et non génératrice d'angoisse.

3. L'animal mort doit être traité avec décence.

Article 4

1. L'animal sauvage a le droit de vivre libre dans son milieu naturel, et de s'y reproduire.

2. La privation prolongée de sa liberté, la chasse et la pêche de loisir, ainsi que toute utilisation de l'animal sauvage à d'autres fins que vitales, sont contraires à ce droit.

Article 5

1. L'animal que l'homme tient sous sa dépendance a droit à un entretien et à des soins attentifs.

2. Il ne doit en aucun cas être abandonné, ou mis à mort de manière injustifiée.

3. Toutes les formes d'élevage et d'utilisation de l'animal doivent respecter la physiologie et le comportement propres à l'espèce.

4. Les exhibitions, les spectacles, les films utilisant des animaux doivent aussi respecter leur dignité et ne comporter aucune violence.

Article 6

1. L'expérimentation sur l'animal impliquant une souffrance physique ou psychique viole les droits de l'animal.

2. Les méthodes de remplacement doivent être développées et systématiquement mises en œuvre.

Article 7

Tout acte impliquant sans nécessité la mort d'un animal et toute décision conduisant à un tel acte constituent un crime contre la vie.

Article 8

1. Tout acte compromettant la survie d'une espèce sauvage, et toute décision conduisant à un tel acte constituent un génocide, c'est à dire un crime contre l'espèce.

2. Le massacre des animaux sauvages, la pollution et la destruction des biotopes sont des génocides.

Article 9

1. La personnalité juridique de l'animal et ses droits doivent être reconnus par la loi.

2. La défense et la sauvegarde de l'animal doivent avoir des représentants au sein des organismes gouvernementaux.

Article 10

L'éducation et l'instruction publique doivent conduire l'homme, dès son enfance, à observer, à comprendre, et à respecter les animaux. »

Le texte de la Déclaration a par la suite été révisé et simplifié ainsi par la Ligue internationale des droits de l'animal :

«Article 1

Le milieu naturel des animaux à l'état de liberté doit être préservé afin que les animaux puissent y vivre et évoluer conformément à leurs besoins et que la survie des espèces ne soit pas compromise.

Article 2

Tout animal appartenant à une espèce dont la sensibilité est reconnue par la science a le droit au respect de cette sensibilité.

Article 3

Le bien-être tant physiologique que comportemental des animaux sensibles que l'homme tient sous sa dépendance doit être assuré par ceux qui en ont la garde.

Article 4

Tout acte de cruauté est prohibé.
Tout acte infligeant à un animal sans nécessité douleur, souffrance ou angoisse est prohibé.

Article 5

Tout acte impliquant sans justification la mise à mort d'un animal est prohibé. Si la mise à mort d'un animal est justifiée, elle doit être instantanée, indolore et non génératrice d'angoisse.

Article 6

Aucune manipulation ou sélection génétique ne doit avoir pour effet de compromettre le bien-être ou la capacité au bien-être d'un animal sensible.

Article 7

Les gouvernements veillent à ce que l'enseignement forme au respect de la présente déclaration.

Article 8

La présente déclaration est mise en œuvre par les traités internationaux et les lois et règlements de chaque État et communauté d'États. »

Vous remarquerez les différences entre les deux textes, par rapport à la pêche et à la chasse. Moi, la petite Bulle, j'en connais un rayon, n'est-ce pas ? En tout cas, il y a de quoi méditer ! Je dois cependant préciser que ces belles paroles n'ont pas de portée juridique. Ce qui compte, par contre, ce sont les lois nationales qui ont été votées ici et là. La France a ainsi fini par reconnaître que les animaux étaient des êtres vivants doués de sensibilité, et non plus seulement des « biens meubles ». Des lois spécifiques protègent en outre les animaux. Voici notamment des extraits du Code rural et de la pêche maritime.

« Article L214-1

Tout animal étant un être sensible doit être placé par son propriétaire dans des conditions compatibles avec les impératifs biologiques de son espèce.

L'attribution en lot ou prime de tout animal vivant, à l'exception des animaux d'élevage dans le cadre de fêtes, foires, manifestations sportives, folkloriques et locales traditionnelles, concours et manifestations à caractère agricole, est interdite. Le représentant de l'État dans le département concerné établit la liste des manifestations sportives, folkloriques et locales traditionnelles pour lesquelles cette interdiction ne s'applique pas. »

Par animaux d'élevage il faut comprendre animaux de ferme, par exemple bœufs, volailles, porcs…

Le texte ci-dessus interdit donc notamment, dans les fêtes foraines, d'offrir en lot gagnant un poisson rouge, lors de la pêche aux canards, un jeu traditionnel destiné aux plus petits.

Pour autant, et afin que vous ne me reprochiez pas de faire du spécisme, je vous rappelle l'article premier de la Déclaration universelle des droits de l'homme :

« Tous les êtres humains naissent libres et égaux en dignité et en droits. Ils sont doués de raison et de conscience et doivent agir les uns envers les autres dans un esprit de fraternité. »

La Déclaration universelle des droits de l'homme elle-même est beaucoup plus longue que celle sur les animaux : trente articles, outre le préambule. C'est normal, je ne vous en veux pas, chacun s'occupe de son espèce et de sa survie en priorité. En outre, pour autant que je sache, votre Déclaration n'est pas vraiment respectée, vous avez encore beaucoup à faire à ce sujet.

Rappelez-vous tout ce qu'elle énonce : la droit à la vie, à la liberté et à la sûreté, à la personnalité juridique, à l'égalité devant la loi, au recours aux tribunaux, à la présomption d'innocence, à la protection de la vie privée, à la libre circulation au sein de son État avec le droit d'en sortir. Elle énonce encore le droit d'asile, le droit à la nationalité, au mariage libre, à la propriété, à la liberté de pensée, de conscience et de religion, à la liberté d'opinion et d'expression, et à la liberté de réunion. Et encore le droit de participer aux affaires de son pays et à des élections libres, à la sécurité sociale, au travail avec un salaire équitable, le droit au repos et aux loisirs, à un niveau de vie suffisant, le droit à l'éducation, à la vie culturelle, et à un ordre social et international permettant l'application de la Déclaration. La Déclaration interdit aussi l'esclavage, la torture et les peines dégradantes, les arrestations arbitraires. Elle énonce enfin que la Déclaration implique pour chacun des devoirs afin de la faire respecter, et qu'aucun article de la Déclaration ne peut être invoqué pour être interprété pour supprimer les droits et libertés qui y sont énoncés. Ce dernier point est particulièrement subtil !

Avouez que notre Déclaration à nous est bien plus simple ! Et, précisons-le d'emblée, s'il le fallait encore, et une fois pour toutes : la défense des animaux n'est pas là pour remplacer celle des hommes. Défendre les uns n'empêche pas de défendre les autres. Il faut que vous vous occupiez de tout : de la défense des hommes, des animaux, et de la nature. C'est votre responsabilité d'espèce dominante, comme vous croyez l'être. Je dis que vous croyez l'être, mais vous ne l'êtes pas forcément. Certes, vous avez chamboulé la terre. Mais, en quantité, les bactéries ou les fourmis sont plus nombreuses que vous. Et un virus propagé par je ne sais quel insecte pourrait peut-être vous anéantir. Espèce dominante, dites-vous ?

Vous devez donc protéger les animaux, disais-je. Faut-il pour autant que vous deveniez végétariens, végans ? Je sais que cela devient à la mode chez vous. Mais non, personnellement, je ne vous en demande pas tant. Certes, les animaux que vous mangez pourront être d'un autre avis. Nous-mêmes, les poissons rouges, nous croquons tout ce qui nous tombe dessus : toutes les bestioles du coin, et même nos propres marmots à l'occasion. Si, de votre côté, vous renoncez à croquer des animaux, tant mieux pour eux ! Mais c'est votre choix, et il ne regarde que vous. Pour ma part, si j'arrive à attraper un bel insecte, je ne le laisserai pas filer entre mes pattes (c'est juste une expression). Libre à vous de faire pareil ou pas ! Comme, de toute façon, les insectes, ce n'est pas trop votre spécialité, du moins en Occident, nous ne sommes pas en concurrence pour la chasse. Pour la chasse, comme pour la pêche, notez une fois encore l'article 4 de la Déclaration de 1978, qui n'a pas été repris dans la révision du texte. Vous dites ne pas pêcher les poissons rouges ? Grand bien vous fasse ! Si vous mangez les autres poissons, je vous l'ai dit, avec nous, c'est chacun pour soi, c'est leur problème, non le nôtre. Ne vous tracassez pas pour savoir ce que l'on en pense, nous les poissons rouges.

Je sais que la cohabitation n'a jamais été facile entre nous, les animaux, et vous, les humains. Pour chacun, c'était une question de survie. Il fallait choisir : manger ou être mangé. Mais vous, vous avez quand même abusé de votre puissance. Heureusement, vous avez commencé à vous en rendre compte. Les mentalités ont évolué, le droit nous protège mieux maintenant, et vous cherchez davantage à nous éviter les souffrances inutiles. Faut-il vous en remercier ? Il y a encore tellement à faire !

Quoi qu'il en soit, le temps où vous pouviez faire n'importe quoi avec les animaux s'achève enfin, et c'est tant mieux ! Réfléchissez donc ! Voudriez-vous être la seule espèce sur notre planète ? Non ? Avouez que notre belle planète deviendrait effectivement alors bien tristounette. Protégez donc les animaux et souciez-vous de leur bien-être, pour vivre en harmonie avec eux et avec l'ensemble de la nature. Et, tant qu'à faire, commencez par les animaux qui vous sont les plus proches : les chats, les chiens, les chevaux et poneys, et les poissons rouges, bien sûr – sans oublier les hamsters, cochons d'Inde, les oiseaux en cage et j'en oublie. S'occuper d'un animal est une responsabilité. Si vous avez voulu prendre cette responsabilité, assumez-la donc jusqu'au bout ! Même envers les animaux qui gardent le silence, comme nous les poissons, mais qui n'en pensent peut-être pas moins. Après tout, qui ne dit mot ne consent pas forcément à tout.

Et ne croyez pas en avoir fini avec la question du bien-être animal ! Je laisse la parole à Sushi, qui a beaucoup à dire à ce sujet....

XII

Les poissons rouges en politique :
un récit de Sushi

Vous êtes-vous jamais interrogé sur le poids politique des poissons rouges ?

Un poids léger en apparence, certes, quoique...

La question du bocal a ainsi interpellé les élus, outre, bien sûr, les associations de protection des animaux. Les raisons sont connues : le bocal est rond, trop petit. Il déforme la vue des poissons sur l'extérieur. Sans système de filtration, l'eau y est polluée et manque d'oxygène. Le bocal est donc inadapté pour les poissons rouges. Ceux-ci y montrent des troubles du comportement et de la vision. Le nanisme peut aussi s'y développer.

Il existait déjà un texte : la loi N° 76-629 du 10 juillet 1976 relative à la protection de la nature, qui dispose en son chapitre II, et précisément en son article 9 :

« Tout animal étant un être sensible doit être placé par son propriétaire dans des conditions compatibles avec les impératifs biologiques de son espèce ».

Mais le premier député à s'intéresser sérieusement aux poissons rouges était un député communiste du Nord, Jean-Jacques Candelier (après tout, le poisson rouge est... rouge). Déjà, en 2010, il avait posé une question au gouvernement à propos de la commercialisation de poissons génétiquement modifiés. (« Nous assistons désormais à l'hybridation des espèces dans un but esthétique et commercial. Cela aboutit à des monstruosités de la nature (des chercheurs taïwanais ont annoncé avoir réussi la reproduction de poissons transgéniques fluorescents jusqu'à la cinquième génération), en dehors de toute préoccupation scientifique »). Il avait reçu une réponse rassurante du ministère concerné.

M. Candelier avait aussi lancé l'alerte sur son site Internet et ses comptes Facebook et Twitter, afin de sauver les poissons rouges.

En mai 2011, il posait une nouvelle question au gouvernement, une question spécifique au bien-être des poissons rouges cette fois. La voici, telle quelle :

« M. Jean-Jacques Candelier attire l'attention de M. le Secrétaire d'État chargé du Commerce, de l'Artisanat, des Petites et Moyennes Entreprises, du Tourisme, des Services, des Professions libérales et de la Consommation sur le bien-être des poissons rouges et leur utilisation.

Les boules en verre ne peuvent être écologiquement et biologiquement considérées comme des aquariums. Un volume de trente litres est le minimum nécessaire à la maintenance correcte de l'espèce des poissons rouges Carassius auratus. Les aquariums doivent en outre être équipés d'un filtre et d'un aérateur, sans quoi la vie aquatique devient vite un véritable calvaire.

Par ailleurs, les cadeaux de poissons rouges lors de foires et autres fêtes foraines se font en infraction avec l'article L214-4 du code rural et de la pêche maritime.

Il lui demande son avis, d'une part sur l'application stricte de l'article L214-4 du code rural et de la pêche maritime, et, d'autre part, sur l'interdiction des mouroirs à poissons rouges que constituent les boules de verre. »

Des âmes insensibles ont pu se moquer de cet intérêt pour les poissons rouges. Mais ce n'était pas fini ! En effet, quelques semaines après, un autre député, de la majorité présidentielle cette fois, M. Michel Zumkeller, élu du Territoire de Belfort, posait une nouvelle question au gouvernement.

Voici le texte officiel de son intervention :

« M. Michel Zumkeller interroge M. le ministre de l'agriculture, de l'alimentation, de la pêche, de la ruralité et de l'aménagement du territoire sur les conditions de vie des poissons dans les « boules aquariums ». À l'époque où le bien-être des animaux est un sujet plus que jamais à l'ordre du jour, il souhaite savoir pourquoi les « boules aquariums », ces boules de verre « primitives » sont encore vendues couramment à des personnes qui n'ont aucune notion des conditions optimales nécessaires au maintien des poissons d'aquariums. L'absence de filtration entraîne au mieux des changements d'eau très fréquents à partir d'eau du robinet souvent et malheureusement non déchlorée. Au bout de quelques semaines, si les poissons ont survécu, ce changement se fera uniquement lorsque l'eau du bocal deviendra nauséabonde ou lorsque les poissons piperont l'air en surface, preuve qu'il faut agir, s'il en est encore temps. En conclusion, il se demande simplement si on peut interdire la vente de ces bocaux ou « boules pour poissons » comme l'ont déjà fait certains pays européens et interdire strictement d'offrir le poisson rouge en tant que lot dans les foires et autre fêtes foraines, ceci en infraction totale avec l'article L. 214-4 du code rural. La possession de tout animal, même un poisson, doit en effet rester un acte responsable et écologiquement éducatif. »

La réponse du ministre fut la suivante :

« La France s'est dotée, depuis l'année 1976, d'un dispositif législatif et réglementaire important en matière de protection animale, qui est réexaminé et modifié régulièrement, en fonction des connaissances scientifiques et des textes communautaires. La question des normes minimales exigibles pour assurer les impératifs biologiques des poissons destinés à l'agrément sera étudiée dans le cadre des concertations en cours sur les projets d'arrêtés ministériels relatifs à la protection des animaux de compagnie. La Fédération française d'aquariophilie est consultée dans le cadre de ces projets. Enfin, il est rappelé que l'article L. 214-4 du code rural et de la pêche maritime mentionne que l'attribution en lot ou prime de tout animal vivant, à l'exception des animaux d'élevage dans le cadre de fêtes, foires, manifestations sportives, folkloriques et locales traditionnelles, concours et manifestations à caractère agricole, est interdite.

L'article R. 215-5-1 du même code précise qu'est puni de l'amende prévue pour les contraventions de la 4e classe le fait d'attribuer un animal vivant à titre de lot ou prime en méconnaissance des dispositions de l'article L. 214-4 précité *». Fin de ladite citation ministérielle.

Le ministère s'est donc alors donné du temps, en arguant d'une protection minimale, déjà prévue par la loi et les règlements. Pourtant, plusieurs pays avaient déjà interdit le bocal, comme l'Italie, la Suisse, l'Allemagne ou encore les Pays-Bas.

L'histoire finit-elle ainsi ? Que nenni !

Elle débouche sur... une pièce de théâtre ! Intitulée « Comment gagner une élection avec un lama, sept poules et deux poissons rouges ? », dont les auteurs sont Adrien de Corneillan et Nathalie Guyot. L'histoire ? C'est celle d'une députée, en perte de vitesse, qui, lors d'une interview, pense soudain à l'idée de son jeune assistant pour sauver les poissons rouges. Les médias s'en emparent, mais aussi un autre député.

Pour trouver un milieu politique vraiment mieux disposé à l'égard des poissons rouges, il faut donc voir ailleurs. Pas très loin : en Belgique, plus précisément en Wallonie.

En effet, depuis 2022, il faut un permis pour acheter un animal de compagnie, y compris pour le poisson rouge. Les futurs maîtres doivent donc désormais montrer patte blanche et prouver qu'ils n'ont jamais été condamnés pour maltraitance animale. Le but est d'éviter les achats compulsifs, et de faire réfléchir les acheteurs potentiels, afin qu'ils mesurent bien les responsabilités qu'ils prennent en achetant un animal.

Depuis 2019, une loi existait déjà pour interdire l'adoption d'animaux à certaines personnes.

Il faut dire que le pays (comme d'autres) revenait peut-être de loin. Un exemple : en 2013, puis surtout en 2017, un hôtel de Charleroi, l'hôtel Charleroi Airport avait fait sensation avec son offre de location d'un poisson rouge pour la nuit.

Louer un poisson rouge pour la nuit ? N'y voyez rien de libidineux, non, vous n'y êtes pas ! Aucun maquereau derrière cela. Peut-être des requins de la finance, c'est vrai, mais pas de maquereaux, non. Il s'agissait simplement d'offrir un remède contre les voyageurs seuls souffrant de solitude, afin de tuer leur ennui. Le prix était fixé à 3,50 euros. Du moins pour les hommes d'affaires qui pouvaient ainsi se vanter de produire une note de frais originale mentionnant la location dudit poisson. Pour les enfants, par contre, la location pouvait être gratuite.

À ceux qui se seraient inquiétés pour le bien-être des poissons coincés dans un petit bocal, le directeur de l'hôtel aurait alors répondu : « Ils ont aussi un grand aquarium dans la salle de ménage, avec un petit abri, de l'oxygène et des plantes (…). Quand nous pensons que c'est nécessaire, nous les mettons là pour quelques jours. » D'ailleurs, aurait-il ajouté, « les poissons sont là depuis quatre ans, si nous n'en prenions pas soin, ils seraient morts depuis bien longtemps. »

Cette initiative menaçait de faire des émules, quand les associations de protection des animaux se sont émues. En tout cas, cela a fait une certaine publicité à l'hôtel qui ne demandait pas mieux.

Pour en revenir à la France, cependant, cela bouge quand même. En 2024, les animaleries n'auront plus le droit de vendre des chiens et des chats. Les animaux sauvages seront aussi interdits progressivement dans les cirques ambulants et les delphinariums. Un certificat dit d'engagement et de connaissance devra être signé lors de l'achat d'un animal de compagnie.

Et les poissons rouges dans tout ça ? Et les autres poissons d'aquarium ? Même s'ils ne sont pas concernés pour le moment, le sens de l'histoire va probablement vers l'interdiction de leur commercialisation ou, en tout cas, vers leur plus grande protection avec, sans doute, des garanties demandées aux acheteurs potentiels quant au bien-être de ces poissons.

Les associations de protection animale ont salué le texte, tout en promettant de continuer le combat, notamment contre la pêche industrielle, l'élevage intensif, la chasse et la corrida. Ces deux dernières activités font particulièrement l'objet de controverses entre les « pour » et les « contre ». En 2022, il a beaucoup été question d'eux. La chasse à cause d'accidents, parfois mortels. L'interdiction éventuelle de la corrida a failli, elle, faire l'objet de débats à l'Assemblée nationale. Les « pour » et les « contre » se répartissaient dans chaque parti politique. Les défenseurs des animaux s'opposaient à ceux qui voulaient maintenir les traditions, et les retombées commerciales qu'elles impliquent. Le gouvernement, lui, était contre l'interdiction. Finalement, l'interdiction n'a pas été votée, comme elle ne l'avait pas été lors de propositions précédentes, en 2010 , 2013 et 2021. En fait, il n'y a eu aucun débat. Trop d'amendements ayant été déposés pour être discutés dans le temps imparti, le député LFI (la France insoumise) qui avait déposé le projet de loi dut le retirer, tout en condamnant l'obstruction créée par ses opposants.

En France, la corrida pourrait être assimilée à un acte de cruauté, mais elle est protégée par le septième alinéa de l'article 521-1 du Code pénal qui prévoit un régime d'exception au nom, est-il écrit, de « traditions locales ininterrompues ». Elle est donc autorisée dans certains territoires où la pratique est considérée comme faisant partie du patrimoine. Des zones officiellement arrêtées par la Cour d'appel de Toulouse en 2000 qui limite la pratique de la tauromachie « au Midi, entre le pays d'Arles et le Pays basque, entre la garrigue et la Méditerranée et entre les Pyrénées et la Gascogne ». Plus précisément, ce sont trois régions qui peuvent aujourd'hui organiser des corridas : la Nouvelle-Aquitaine, l'Occitanie et la région Provence-Alpes-Côte-d'Azur. Une décision qui a été confirmée par le

Conseil constitutionnel, saisi par des associations anti-corrida, en 2012. Pour interdire la corrida en France, il faudrait donc que le législateur change la loi, ce qui n'a pas été possible jusqu'à présent.

Selon le baromètre 2022 Ifop/Fondation 30 Millions d'Amis, 77 % des Français souhaitent une évolution aboutissant à son interdiction. Ce nombre est en augmentation constante.

Il y aurait deux cents corridas par an, avec plus d'un millier de taureaux tués. Selon un élu local, qui résume à sa façon la situation : « Ça va disparaître tout seul, il y en a de moins en moins. Ça ne sert à rien de l'interdire et d'humilier des gens pour qui ce sont des traditions. »

Si le Sud a ses corridas, le Nord a ses combats de coqs. En France, la loi ne les autorise que dans les localités où la tradition est ininterrompue, c'est-à-dire dans une vingtaine de gallodromes des départements du Nord et du Pas-de-Calais, ainsi qu'en Guadeloupe, Martinique, et à La Réunion. Les combats de coqs sont interdits en Belgique, comme aux États-Unis et au Canada.

La cause animale est donc multiple. Elle concerne aussi les animaux élevés en batterie, et ceux destinés à l'abattoir. Elle a par ailleurs aussi ses partis politiques, subventionnés en France comme tous les partis quand ils obtiennent un certain nombre de voix. À défaut d'avoir des élus, ils reçoivent des fonds publics. Chaque citoyen contribue ainsi par ce biais, comme par d'autres, à la protection animale.

Et le fameux bocal ? Jamais interdit en France, il se fait plus rare. Il est quelque peu tombé en désuétude. Sa production et sa commercialisation relèvent plutôt du passé. C'est une des images du siècle dernier, cela renvoie à tout ce qui a disparu depuis, même si le bocal a survécu beaucoup plus longtemps.

Quant à moi, Sushi, après vous avoir débité toutes ces histoires, tous ces textes, je suis un peu fatiguée. Mais bon, contrairement à d'autres poissons, et que telle ou telle loi soit appliquée ou non, je sais quand même que, moi, j'ai peu de risques de finir transformée en... sushis! Sushis ou non, sachez qu'il n'existe pas de partis politiques spécifiques aux poissons rouges. Il existe certes, chez vous les humains, des associations pour nous défendre ou nous représenter, nous admirer, mais cela ne concerne que vous. Chez nous les poissons rouges, nul syndicat, nul parti politique ! Nul État à défendre, nulle religion à servir, que la liberté du chacun pour soi.

Je sens que je vais faire des envieux ! Gardez vos soucis pour vous, moi, Sushi, je garde ma liberté pour moi. Enfin, tant que vous me le permettrez, vous qui voulez tout régenter, même nos vies à nous, alors que, nous, on ne vous demande rien, sinon que vous nous laissiez vivre en paix.

XIII

À table !
Un récit de Rouget

Chapitre 13 : À table ! Treize à table, donc.

J'espère que vous n'êtes pas superstitieux. De toute façon, nous allons traiter de cuisine, non de superstition. Encore que...

Les poissons rouges ne se mangent pas, ils sont un peu trop petits pour cela. Par contre, les poissons rouges pêchés dans la nature peuvent être de grande taille, ils sont comestibles, même si leur chair n'est pas spécialement réputée. Vous les humains, vous appelez aussi parfois *poissons rouges* des poissons à chair rouge, comme le rouget, la dorade, le bar, le turbot, la limande, le thon rouge... Mais ce ne sont pas mes frères et sœurs.

Depuis mon aquarium, des poissons dans des assiettes, j'en ai vus pas mal... On m'appelle Rouget, et je suis un poisson d'ornement tchèque. Il est ici une tradition peu connue en Europe de l'Ouest, c'est celle de la carpe de Noël, dont j'aimerais vous entretenir.

En Tchéquie, comme en Slovaquie, ainsi que dans les régions frontalières de Pologne, c'est une tradition fort tenace : la carpe est au menu du réveillon. On la découpe en filets que l'on met dans de la farine et des œufs battus, puis on fait frire le tout. La tête et la queue, elles, finissent dans la soupe. Des pommes de terre bouillies, servies froides, accompagnent le repas, ainsi qu'une bonne dose de bière blonde.

Mais ce n'est pas tout ! J'ai parlé de superstition : ici, il est de tradition de prélever les écailles de la bête, et de les mettre sous l'assiette de chaque convive, en tant que porte-bonheur. Ce talisman est ensuite mis dans le portefeuille de chacun, jusqu'à l'année suivante. Voilà pourquoi chacun sait que les Tchèques sont si riches et si joyeux, si chanceux. Je plaisante !

Mais il y a encore plus ! Cette carpe de Noël, il faut bien la prendre quelque part ! Elle s'achète vivante, à tous les coins de rue ou presque. À Prague et ailleurs, en Bohème et en Moravie, on voit de grandes bassines qui grouillent de carpes, inconscientes de leur funeste destin. La tradition est, en effet, d'acheter une carpe vivante, avant de l'exécuter sans autre façon, pour la passer à la casserole, ou plutôt à la friture.

En attendant le grand jour du sacrifice, la carpe se voit offrir un séjour en balnéothérapie dans la baignoire familiale. Du temps du communisme, tout le monde n'avait pas de frigo, le baignoire permettait donc de garder l'animal au frais. Dans un frigo, elle aurait d'ailleurs, à vrai dire, perdu de sa fraîcheur de vie, puisqu'elle aurait été morte.

Inutile de dire que les enfants adorent cette nouvelle copine. Ils viennent la caresser, la triturer, la cajoler, bref, l'embêter. Mais ils peuvent aussi la sauver, en demandant sa grâce à papa ou maman. Si ceux-ci se laissent attendrir, la carpe peut être relâchée dans quelque rivière ou plan d'eau, et les parents doivent improviser un autre repas. Sinon, la sentence est impitoyable : la mort. Le père de famille se saisit d'un objet adéquat – un rouleau à pâtisserie, un marteau – pour donner le coup fatal à la bête, ou du moins pour l'étourdir à jamais, avant de lui couper la tête.

Cela, si tout se passe bien. Car tout ne se passe pas forcément bien. La bête n'a évidemment pas envie d'être au menu – réveillon ou non. Et elle a une fâcheuse tendance à glisser entre les mains, car il n'est pas facile de l'attraper et de la manipuler : non seulement elle ne veut pas, mais, de plus, elle n'a rien pour faire prise, ni pattes, ni queue. Elle a bien une queue, mais une queue que vous les humains, vous ne pouvez pas attraper facilement, donc cela ne compte pas. Une fois la bête tombée à terre, l'exécuteur des basses œuvres de service peut glisser dessus, et se retrouver illico à l'hôpital. Chez vous, en France et ailleurs, c'est un peu pareil, vous accusez les huîtres de n'être pas coopératives quand vous essayez de les ouvrir. Carpes, huîtres : même combat !

Des associations de protection des animaux se sont bien sûr émues du sort des carpes. Il faut dire que certains prenaient des carpes vivantes, les mettaient dans un sac sans eau, et jetaient le sac dans leurs courses, quitte à y jeter encore quelque chose d'autre dessus.

Pauvres bêtes ! Mais les traditions se perdent : la majorité des clients préfère que le poisson soit tué, vidé et découpé sur place, dès son achat. Le vendeur prend une épuisette et passe illico à l'acte. Ce peut être un spectacle étrange pour qui n'y est pas habitué.

De braves âmes achètent aussi des carpes vivantes, juste pour la tradition ou pour faire plaisir aux enfants, puis elles les libèrent dans un étang ou un cours d'eau. N'est-ce pas gentil ?

Cela dit, la carpe en elle-même a peu de saveur, mais elle a par contre beaucoup d'arêtes. Si elle a un tel succès pour Noël, c'est qu'il y a beaucoup d'étangs dans la région, et que c'était là une viande accessible pour tout le monde, le poisson étant facile à attraper et point trop cher. Dans les étangs, la carpe se pêche maintenant au filet, ou à la traîne même dans les grands plans d'eau. C'est un peu – toutes proportions gardées – le Père Noël du coin, car on voit ici des bassines à carpes à tous les coins de rue, je le redis, alors que le Père Noël est traditionnellement absent de l'imaginaire local.

La carpe n'est pas de la famille du poisson rouge, mais le poisson rouge commun lui ressemble. Pour autant, je ne crois pas que vous pensez au Père Noël quand vous regardez un poisson rouge. Vous manquez peut-être d'imagination, non ?

XIV

Carpe diem ?
Un récit de Shiva, poissonne rouge philosophe

Je suis Shiva, et je suis une poissonne, et je ne vais m'excuser ni du terme, ni de mon nom.

Shiva est certes un dieu masculin dans l'hindouisme, mais dans certains textes il prend l'aspect d'une femme et, de toute façon, il a déjà un certain aspect féminin. Quant au terme de *poissonne*, pourquoi pas ?

L'auteur de ce livre, Opticon Tessour, avait conclu son précédent livre *Tout cela a-t-il un sens ?* par la célèbre formule *Carpe diem*. En tant que poissonne, je me dois de commenter cela.

La carpe n'est certes pas un poisson rouge, mais c'est quand même une de mes cousines, et nous gardons donc une certaine fraternité (ou sororité, même) que je ne peux passer sous silence. De mon aquarium, avec mes copains Léviatan, Cerise et Orange, j'en ai vu des choses, et je peux donc dire que j'en connais pas mal sur vous et sur votre monde.

Carpe diem, c'est de la philosophie, c'est savoir profiter de la vie qui vient, chaque jour. Cela peut être un guide de vie pour vous les humains, mais qu'en est-il pour nous les poissons rouges ?

Il est fini le temps où vous pensiez avoir sans partage toute la conscience universelle. Il vous en a d'ailleurs fallu beaucoup de temps pour vous décider à partager enfin le monopole de la conscience, et pour être enfin persuadés que les animaux peuvent, comme vous, ressentir la douleur et avoir des émotions, que ce sont des êtres sensibles dotés de leur intelligence propre.

La conscience ? Elle n'est pas facile à définir. En latin : *cum scientia*, *savoir avec*. Donc savoir que l'on sait, savoir que l'on existe. C'est percevoir son milieu et se percevoir soi-même. C'est aussi, dans un autre sens, avoir une morale de vie.

Qu'en est-il pour nous, les poissons rouges ? Je ne vais pas vous dire vraiment ce que j'en pense, vous ne me croiriez pas. Je vais plutôt vous renvoyer vers une étude qui a été faite par des chercheurs sur un autre poisson, le labre nettoyeur qui vit sous les tropiques. Pourquoi lui ? Parce qu'il se prêtait mieux que nous à l'expérience en question. Il s'agissait de savoir si ce poisson pouvait se reconnaître dans un miroir. C'est le test de base en ce qui concerne la conscience. Peu d'animaux peuvent le réussir : notamment l'homme (à partir de dix-huit mois), les singes (orangs-outans, bonobos, chimpanzés), les grands dauphins et les orques, l'éléphant (il a fallu de grands miroirs pour le vérifier !), et certains perroquets et pies, outre les raies manta parmi les poissons. Ce test a cependant ses limites, car certains animaux privilégient d'autres sens que la vision – le chien privilégie ainsi son odorat.

Parmi les poissons, le labre nettoyeur se prêtait en tout cas bien à l'expérience, car de par sa fonction de nettoyeur, il sait voir des parasites sur d'autres poissons. Les chercheurs lui ont mis une marque sur le cou – un gel coloré – visible seulement dans un miroir. Au début, quand il s'est regardé dans le miroir, le labre nettoyeur a cru faire face à un ennemi : rien de plus normal. Puis il s'est mis dans des positions incongrues, il s'est frotté contre ce qu'il pouvait, et il s'est remis à se regarder. Il a continué ainsi : manifestement, il avait compris que le miroir lui renvoyait son image.

Est-ce pourtant là la conscience ? C'est en tout cas un début, nul ne peut le nier. Après, il faut tenir compte de la taille du cerveau, de la culture, de l'environnement : nous les poissons, nous ne jouons pas dans la même catégorie que vous, les humains, c'est sûr, mais il faut bien un début à tout.

Et le sens moral ? Dans la vie sauvage, c'est le chacun pour soi qui règne. Certes, il peut y avoir un début de sens moral chez certains animaux. On connaît des cas d'altruisme, d'empathie, de consolation, de sens de la justice, non seulement chez les singes, mais aussi chez les cétacés, les poissons et d'autres animaux. Mais ne leur en demandez pas trop tout d'un coup, et ne les comparez pas à vous ! Les animaux connaissent cependant les mêmes émotions de base que vous : la peur, la surprise, la colère, la joie, le dégoût, la tristesse.

Le caractère individuel des animaux a d'ailleurs pu jouer un rôle dans l'évolution des espèces. *Il faut de tout pour faire un monde*, dites-vous. Quand l'environnement change, avoir des individus plus téméraires ou plus timides que d'autres, peut être un gage de survie pour une espèce. *Qui se ressemble, s'assemble*, dites-vous aussi. En se ressemblant, les téméraires d'un côté, les timides de l'autre, de nouvelles espèces pourraient ainsi se créer.

Selon l'étymologie, le mot *animal* est à rapprocher du mot *âme* (en latin, *anima*, qui signifie *vent, air, souffle*). Le verbe *animer* vient aussi de là. L'âme est aussi à rapprocher de la conscience. Vous dites ainsi : *en mon âme et conscience*. L'âme a cependant plutôt un sens religieux.

Dans les sociétés les plus anciennes, tout avait une âme, d'où le nom d'*animisme* que l'on attribue à leurs croyances.

Les religions polythéistes anciennes, comme en Égypte, mettaient littéralement l'animal sur un piédestal, tandis que le monothéisme a représenté une rupture. Le Dieu biblique ordonne ainsi à l'homme de dominer sur *les poissons de la mer, sur les oiseaux du ciel, sur le bétail, sur toute la terre et sur tous les reptiles qui rampent sur la terre*.

Le judaïsme et l'islam ont reconnu que les animaux avaient un principe de vie, appelé âme, qui était véhiculé par le sang, ce qui imposait un abattage rituel pour vider l'animal de celui-ci.

L'Occident chrétien, lui, a imaginé que l'homme avait une âme immortelle séparée de son corps, et l'a refusée aux animaux. Il avait aussi failli la refuser à certains hommes, comme les Indiens d'Amérique.

Avec la métempsychose, l'Orient a rassemblé les hommes et les animaux dans un même cycle de vie. Pour autant, mis à part les vaches en Inde, les animaux n'y ont pas forcément été mieux traités.

Les philosophes se sont aussi interrogés sur la sensibilité et la conscience animales. Dans l'Antiquité grecque, certains leur attribuaient une âme et étaient végétariens, comme Socrate et Platon, mais pour eux la pensée, la raison, mettaient l'homme au sommet de la hiérarchie. Les théologiens et philosophes chrétiens ont considéré que les animaux n'avaient pas d'âme immortelle et étaient dépourvus de raison. Pour Descartes, l'animal n'était qu'une sorte de machine, incapable de la moindre sensibilité. Pour Kant, la loi morale leur manquait et les séparait de l'humanité. Au final, la sensibilité animale n'a été vraiment reconnue qu'au XXe siècle.

Parlons maintenant de l'intelligence des poissons. Je m'exprime ici en tant que porte-parole des poissons en général, et non seulement des poissons rouges. Nous, les poissons, selon nos aptitudes propres, nous avons de la mémoire, nous pouvons utiliser des outils, ou encore jouer. Nous apprenons par l'apprentissage, l'expérience, comme tout le monde en somme. Les pêcheurs savent bien que s'ils pêchent un poisson avec tel appât, puis le relâchent, le poisson évitera par la suite le même appât.

Quoi de plus normal, en fait ? Vous les humains qui avez un aquarium, vous savez bien que vos poissons vous reconnaissent quand vous allez les nourrir, ou qu'ils peuvent reconnaître la bonne boîte de nourriture si vous leur présentez aussi une autre boîte en même temps.

Nous les animaux, nous vous ressemblons donc quelque peu. N'oubliez pas que nous sommes constitués des mêmes matériaux que vous. N'oubliez pas que vous gardez en vous vos origines purement animales. Un embryon humain commence ainsi à développer une petite queue, qui disparaît par la suite.

Arrivé à ce stade de ma réflexion, il me faut dire deux mots sur le livre d'Hesnau Cailliau, *Le paradoxe du poisson rouge.* Comment ai-je donc pu le connaître ? Je ne l'ai pas lu, non, je ne vais pas vous faire avaler des couleuvres, si je puis dire, mais d'une façon ou d'une autre, sachez que je suis au courant.

Dans ce livre, l'autrice fait des comparaisons entre la civilisation chinoise, basée sur le confucianisme, le taoïsme et le bouddhisme, et la civilisation occidentale, en se servant du poisson rouge comme fil conducteur (ou plutôt de la carpe koï, symbole en Chine de la joie de vivre). Dans cette civilisation, les contraires coopèrent plutôt que de s'affronter, et la nature est une source d'inspiration. La carpe koï, en particulier, représente la réussite. Elle montre la voie. L'autrice retient ainsi huit vertus de la carpe koï qui peuvent être vues comme des lignes à suivre, des exemples pour vous, les humains. Ces vertus, au sens de forces, sont liées et n'ont pas d'ordre hiérarchique entre elles. Du reste, si le chiffre huit a été retenu, c'est parce qu'il est considéré en Chine comme portant bonheur. Plusieurs de ces huit vertus pourraient, en fait, se regrouper.

La première vertu de la carpe est qu'elle ne se fixe à aucun port. Cela rappelle que tout se transforme sans cesse. Il ne faut donc pas s'enfermer dans une idée, un modèle préconçu. Vouloir à tout prix avoir raison, c'est devenir sourd et aveugle à son environnement. Il faut savoir observer pour absorber la connaissance. C'est ce que fait la carpe avec ses grands yeux, tandis que les Occidentaux, eux, selon l'autrice, priorisent la pensée avant l'observation. Le monde de la carpe fait l'éloge de l'ombre et du silence. Son corps ondule dans l'onde sans se raidir. Selon Confucius : *Savoir n'est rien, savoir vivre c'est tout.* En outre, alors que l'Occident oppose les conceptions (c'est le monde du *ou*), l'Orient, lui, les superpose (c'est le monde du *et*). C'est ainsi que le confucianisme, le taoïsme et le bouddhisme se sont superposés en Chine.

La seconde vertu de la carpe est qu'elle ne vise aucun but, elle sait changer de cap selon les opportunités qui se présentent. Elle est flexible, pragmatique. Le temps chinois est cyclique, ce qui change les perspectives.

Ensuite, ce qui compte pour la carpe, c'est l'instant présent, ici et maintenant, non le passé ou le futur. Le présent focalise toute son attention pour être pleinement vécu. Selon un dicton, *il faut observer par où ça passe*, tandis que par ici, en Occident *ça passe ou ça casse*.

Quatrième vertu : la carpe ignore la ligne droite. C'est l'art de l'esquive : savoir contourner un obstacle, plutôt que de l'affronter. C'est le contraire de l'affrontement tel qu'on le connaît trop en Occident. C'est aussi savoir laisser une porte de sortie à son adversaire. La fuite permet aussi de garder ses forces. L'Occident, lui, préfère aller droit à l'essentiel. Pour lui, *vouloir, c'est pouvoir.*

Cinquième vertu : c'est le fait de savoir vivre en groupe, de cultiver ses réseaux, de savoir coopérer. Cela suppose une certaine modestie, de ne pas étaler ses talents, de reconnaître sa dépendance envers ses pairs. C'est aussi éviter de faire perdre la face à quelqu'un, éviter les longues discussions. Nul ne détient toute la vérité. Les idées changent et se complètent. C'est le symbole du yin et du yang. Ce symbole est d'ailleurs souvent associé à deux carpes enlacées. Quand on le regarde, c'est, en effet, assez expressif. On peut y voir deux poissons stylisés, tête bêche, l'œil de chacun ayant la couleur du corps de l'autre. C'est l'harmonie de deux énergies complémentaires. Tout n'est pas blanc ou noir, mais il y a du blanc dans le noir, du noir dans le blanc. Les contraires peuvent coopérer, plutôt que de s'affronter comme en Occident. Celui-ci a une vision plus manichéenne du monde, où le bien et le mal s'affrontent sans cesse.

Sixième vertu : la carpe se meut avec aisance, dans l'incertitude. Ayant moins de certitudes, elle peut mieux accepter le changement, les échecs. *Qui n'apprend pas à échouer, échoue à apprendre*, dit-on là-bas. Pour le reste, il faut vouloir être heureux, la vie ne doit pas être une vallée de larmes.

Septième vertu : la carpe reste calme et sereine. Alors qu'en Occident, c'est le règne du *cogito* permanent, la sagesse orientale sait mettre de côté la pensée pour laisser place à la méditation, le repos de la pensée. Un esprit serein peut ainsi vaincre un esprit inquiet. Pour Bouddha, la pensée est comme un singe fou, toujours agité, jamais satisfait.

Enfin, la huitième et dernière vertu, concerne le fait que la carpe remonte à la source. C'est le fait de connaître ses racines, de savoir d'où l'on vient, de respecter sa culture, ses traditions.

Tout cela serait bien joli si c'était vrai. Mais cela ne l'est qu'en partie. Croire que tout cela soit vrai serait d'ailleurs contraire – précisément – à ce que cette philosophie enseigne, à savoir que nul ne détient toute la vérité. Vous autres, les Occidentaux, vous pourriez d'ailleurs trouver facilement des contre-arguments :

— Croire à une idée a permis le progrès, la science. Tout commence par la pensée, la raison. Si l'intuition est utile, la raison est indispensable. Elle est à la base de la science. Tout commence par le *Cogito*.

— Avoir un but permet de savoir où l'on va, où l'on veut, où l'on peut aller et de s'y préparer, c'est être la fourmi plutôt que la cigale de la fable de La Fontaine. De plus, le temps n'est pas cyclique, il y a un passé dont il faut tirer les leçons, et un futur qu'il faut savoir anticiper.

— Justement, il faut toujours penser au futur pour mieux le préparer, pour vivre au mieux ce qui sera demain le présent.

— On ne peut esquiver tous les problèmes, il faut aussi avoir le courage de les affronter. La procrastination n'est pas une vertu. Remettre un problème au lendemain ne le résoudra pas plus facilement, ce sera peut-être pire. Le remettre au lendemain pour que quelqu'un d'autre s'en occupe n'est pas correct.

— C'est l'individualisme qui a apporté la prospérité à l'Occident. Si la vie en société est inévitable, le salut y est individuel – au risque, certes, de tomber dans l'individualisme.

— Le savoir vaut toujours mieux que l'ignorance. Si tout commence par le doute, il faut essayer d'en sortir : *ôte-moi d'un doute*, dit-on justement.

— C'est le développement de la pensée qui permet le progrès des connaissances, lequel facilite ensuite la vie de chacun.

— Les traditions et religions doivent être soumises à l'esprit critique. En particulier, prétendre que la nature est souverainement bonne, que la métempsychose est un fait, cela relève de croyances, non de faits prouvés, scientifiquement démontrables. Chacun est certes libre de croire n'importe quoi, mais c'est abaisser l'esprit humain que de ne pas utiliser sa matière grise pour séparer le vrai du faux. Et c'est un poisson rouge qui vous le dit !

Questions subsidiaires : les Chinois, ou les Orientaux en général, sont-ils plus heureux que les Occidentaux ? Font-ils preuve de plus de sagesse ? Qu'en est-il de la politique chinoise envers les Tibétains et les Ouïgours ? De la liberté d'expression ? Ou, hier, de Mao et de la révolution culturelle ? Certes, le communisme chinois ne résume pas à lui seul toute la civilisation chinoise, qui a eu ses sages avec leurs enseignements remarquables. Même si elle n'a pas la solution à tout, nul ne doute cependant qu'il puisse y avoir des éléments à retenir dans la sagesse orientale, et cela grâce à la carpe koï ! Merci donc à la carpe koï, ma cousine !

En tant que poisson, j'apprécie particulièrement le symbole du yin et du yang, et ses poissons emmêlés. (Voir page 102.) Pour autant, s'il est vrai que tout n'est pas toujours tout noir ou tout blanc, la vérité n'est pas forcément un mélange des deux, ni d'un gris moyen. Le symbole du yin et du yang est donc à manier avec prudence, non comme la clé d'une vérité universelle. Certaines affirmations peuvent être entièrement vraies, ou entièrement fausses. Tout peut aussi être tout noir ou tout blanc : si vous me sortez de l'eau, je vais mourir entièrement, je ne vais pas mourir à moitié. Que vous mettiez un verre d'eau de javel dans mon aquarium, ou seulement la moitié, je vais mourir pareil. Je préfère autant que vous n'en mettiez pas une seule goutte.

Mais en attendant de mourir un jour, je voudrais vous parler d'un autre livre : *La civilisation du poisson rouge*, de Bruno Palatino. Comme quoi, je suis au courant de la littérature sur les poissons rouges !

Le livre fait référence – sans l'approuver – à la fameuse légende selon laquelle le poisson rouge n'a qu'une mémoire de quelques secondes. Vous les humains, devant vos écrans, dont surtout celui du smartphone, votre attention ne serait guère plus longue, tant elle est sollicitée par une foule d'informations, sous forme de messages, d'images et de vidéos.

Le poisson rouge n'est donc ici qu'un prétexte pour vous mettre en garde contre le lavage de cerveau permanent que vous subissez avec les technologies du numérique, dans la bataille qui se joue pour capter votre attention. C'est un appel pour que vous contrôliez le monde numérique avant qu'il ne vous contrôle complètement. Il est vrai qu'il n'y a pas pire qu'Internet pour répandre des contrevérités (et quand même des vérités !). Il n'y a pas non plus pire que le smartphone pour retenir votre attention en permanence. Tout le monde le scrute à longueur de journée, partout, en marchant (voire en conduisant), dans les transports en commun, et dans toutes les situations possibles et inimaginables. Chacun a l'œil rivé à son écran, indifférent à la vie réelle qui est à côté. Certains, même, en viennent à risquer leur vie pour pouvoir publier une superbe photo d'eux sur les réseaux sociaux, et des enfants se suicident, poussés à bout par le harcèlement dont ils sont victimes sur ces mêmes réseaux.

Selon l'auteur, *nous sommes devenus des poissons rouges enfermés dans le bocal de nos écrans.*

Nous : donc vous, les humains. N'est-ce pas vrai ? Et cet enfermement, c'est non seulement celui du temps passé sur Internet, mais c'est aussi le fait de laisser votre cerveau se faire berner par des algorithmes qui vous envoient en priorité toutes les informations qui vous caressent dans le sens du poil – autrement dit qui confirment vos propres croyances, aussi fausses qu'elles puissent être.

Comme quoi, nous les poissons, nous ne sommes pas forcément les seuls à être enfermés dans un aquarium. Nous, on n'y peut rien, mais vous, les humains, pourquoi vous enfermeriez-vous donc ainsi de vous-mêmes dans un bocal ? Auriez-vous perdu la tête ? J'allais dire la boule...

Comme quoi aussi, il n'y a pas mieux pour s'essayer à philosopher que la compagnie des poissons rouges ! Mais quelle philosophie ?

Les poissons rouges sont réputés pour être paisibles. Le simple fait de les regarder repose. Ce qu'ils peuvent nous enseigner, c'est donc de rechercher la quiétude de l'esprit, la paix de l'âme, ce qu'on appelle aussi l'ataraxie. Comment y arriver ?

Tout ce que nous voulons, nous les poissons rouges, c'est une eau de bonne qualité, une température convenable, et assez de nourriture, mais sans excès. Outre, bien sûr, assez d'espace pour nous mouvoir, et des copains et copines. Pour les êtres humains, c'est, certes, un peu plus compliqué, parce que chez vous l'argent est nécessaire pour vivre. Il vous faut donc de l'argent, et donc savoir comment l'obtenir. Il vous faut aussi avoir une bonne santé – comme pour nous, d'ailleurs. Une bonne santé physique et mentale. Si vous avez tout cela, vous pourrez alors réfléchir tranquillement à la vie et à la mort.

Nous autres poissons, nous voulons surtout profiter de la vie. C'est là notre philosophie. Pourriez-vous vous en inspirer ? La vie est quelque chose d'improbable, qui tient du miracle. Il se pourrait fort bien qu'il n'y ait aucune autre forme de vie en dehors de notre planète. S'il y en a quand même, les distances de l'Univers sont trop grandes pour aller leur rendre visite.

Devriez-vous vous fatiguer l'esprit à réfléchir au sens de la vie ? *La vie ne vaut rien, mais rien ne vaut la vie*, dites-vous, et vous n'avez pas tort. La vie en elle-même n'a certes aucun sens, sinon les sens qu'on lui donne, à tort ou à raison. Ce qui importe donc est de savoir profiter, comme nous, de tout ce que la vie nous offre. Telle est notre sagesse, qui devrait aussi être la vôtre. Rappelez-vous que tous les êtres vivants sont de lointains cousins. Ayez donc l'humilité de nous écouter (mais oui !). Rappelez-vous, c'est pour cela que vous nous dites heureux comme des poissons dans l'eau. Puissiez-vous l'être aussi !

Mais qu'entends-je ? Comme un cri... Oh ! Un petit cri, tout petit, tout faible... Si faible...

XV

Épilogue :
Le cri du poisson rouge
Un récit de l'auteur (enfin!)

Après ce petit tour d'horizon du monde des poissons rouges, il nous reste à répondre à la fameuse question posée au début du livre : quel est donc le cri du poisson rouge ? Ce cri si faible... Et d'abord, qu'est-ce qu'un cri ? Chacun connaît *Le cri* : c'est le tableau du peintre norvégien Edvard Munch, qui dépeint (je devrais dire *peint*) l'homme moderne effrayé par une sorte de crise d'angoisse existentielle. C'est du moins ainsi qu'on le décrit généralement. Mais ici, dans ce livre, il est question du cri d'un animal, non d'un humain. Pensez donc aux animaux, plutôt que de penser toujours à vous ! Le cri d'un animal, qu'est-ce donc ?

Les cris des animaux ne manquent pas. Écoutez plutôt (et merci à Wikipedia !) : l'abeille, comme la guêpe ou la mouche, bourdonne ou vrombit ; l'agneau bêle ; l'aigle glatit ou trompette ; l'albatros piaule ; l'alouette turlutte, grisolle ou tirelire ; l'âne brait (tout simplement) ; la baleine chante (carrément) ; la bécasse coucouanne, croule ou croûte ; la bécassine (sa cousine) croule ; la belette belotte ; le bélier, comme le chameau, blatère ; la biche rait ou brame ; le bœuf, comme la vache et le taureau, beugle, meugle, mugit ; le bouc, comme la chèvre, chevrote, béguète ou bêle ; la buse miaule, piaule ou piaute ; le butor butit ; la caille cacabe ou carcaille, courcaille ou margote ; le canard cancane, caquette, nasille ou nasillonne ; le chacal aboie, jappe ou piaule ; le chat miaule, ronronne ou piaule ; le chat-huant chuinte, hue ou hulule ; la chauve-souris grince ; le cheval, comme le lama ou le zèbre, hennit ; le chevreuil aboie, brame, rait, râle ou rote ; le chien aboie (et la caravane passe), babille, braille, clabaude, clatit, grogne, gronde, hurle, jappe, nasille ou nasillonne ; le chiot glapit ou jappe ; la chouette chuinte, hioque, hôle, hue, hulotte, lamente ou froue ; la cigale chante (tout l'été), conte, craquette, cymbalise, criquette ou stridule ; la cigogne claquette, craque, craquette ou glottore ; le cochon grogne, grouine ou couine (si vous préférez parler du porc, voir plus bas) ; le colibri zinzinule ; la colombe gémit ou roucoule ; le coq chante, coqueline ou coquerique ; le coq de bruyère dodeldire ; le corbeau coraille, craille, croaille, croasse, graille ou ramage (écoutez La Fontaine : *Sans mentir, si votre ramage se rapporte à votre plumage...*) ; la corneille babille, corbine, craille, criaille, croaille, croasse ou graille, le coucou coucoue ou coucoule ; le courlis beugle ou siffle ; le crapaud coasse ou siffle ; le crocodile lamente, pleure (des larmes de crocodile), ou vagit ; le criquet criquette ou stridule ; le cygne drense, drensite, siffle ou trompette ; le daim brame, rait ou râle ; le dauphin siffle ; le dindon glouglote ou glougloute, glousse ; le dugong chante ; l'éléphant barrit, barète ou barronne ; l'épervier glapit, graille, piale ; l'étourneau pisote ou jase ; le faisan criaille, glapit ou piaille ; le faon piaule, râle ou hait ; le faucon huit ou réclame ; la fauvette chante, babille ou zinzinule ; le freux croasse, croaille ou graille ; le geai cocarde, cajole, cocarde, frigotte, frigulote, fringote, gajole ou jase (rien que ça) ; la gélinotte glousse (seulement) ; la girafe meugle, bêle ou mugit ; le goéland pleure ou raille ; la grenouille coasse ; le grillon craquette, crie, crisse, grésille, grésillonne ou stridule ; la grive babille ; la grue claquette, craque, craquette, glapit ou trompette ; le héron hue ; le hibou bouboule, bubule, froue, hue, hulule, miaule, tutube ou froue ; l'hippopotame grogne (tout simplement) ; l'hirondelle gazouille, tridule, trisse ou truissote ; la hulotte hôle, hue, hulule ou lamente ; la huppe pupule ou pupute ; la hyène hurle ou ricane ; le jars cocarde, cagnarde, criaille ou jargonne ; le lamantin chante ; le lapin clapit, couine ou glapit ; le lièvre couine ou vagit ; le lion grogne ou rugit ; le loriot siffle ; le loup grogne ; le manchot brait ou jabote ; la marmotte siffle ; le merle appelle, babille, bavarde, chante, flûte, jase ou siffle ; la mésange titine, zinzinule ou zinzibule ; le milan huit ; le moineau chuchette, chuchote, pépie ou piaille ; le mouton bêle ; l'oie cocarde, cagnarde, criaille, glousse ou siffle ; l'oiseau babille, chante, gazouille, jabote, pépie, piaille, piaule, ramage ou siffle ; l'orque chante ; l'otarie grogne, rugit ou bêle ; l'ours grogne, gronde, grommelle ou hurle ; la palombe caracoule, coucourège, jabote ou roucoule ; la panthère feule, miaule ou rugit ; le paon braille, criaille ou paonne ; la perdrix bourrit, cacabe, glousse ou pirouitte, rappelle ; le perroquet cause, craille, craque, croaille, croasse, jase, parle, piaille ou siffle ; la perruche jabote, jacasse ou siffle ; le phoque bêle, grogne ou rugit ; le pivert picasse, peupleute ou pleupeute ; la pie bavarde, cageole, cause, jacasse ou jase ; le pigeon caracoule, concourège, jabote, roucoule ou froue ; le pipit farlouse turlute ; le pingouin brait ou jabote ; le pinson frigotte, ramage ou siffle ; la pintade cacabe ou criaille, le porc couine, grogne, grouine ou braille (lors de sa mise à mort) ; la poule cagnette ou caquette (lors de la ponte), claquette (avant), crételle (après), cloque (pour parler, dit-on, à ses poussins dans l'œuf), clousse (lorsqu'elle couve), coraille, coclore, codèque, coucasse, ou glousse (pour appeler ses poussins) ; le poulet piaille ou piaule ; le pourceau grognonne ; le poussin pépie, piaille ou piaule ; le ramier caracoule, coucourège, gémit ou roucoule ; le rat couine, chicote ou piaule ; le renard glapit, jappe ou trompette ; le rhinocéros barète ou barrit ; le roitelet zinzinule, le rossignol chante, quiritte, rossignole ou trille ; le sanglier grogne, nasille ou nasillonne ; la sarcelle truffle ; la sauterelle stridule ; le serin gringotte, ramage ou trille ; le serpent siffle ou souffle ; le singe crie, hurle ou piaille ; la souris chicote ou couine ; le tigre feule, miaule, râle, rauque, ronronne ou rugit ; la tourterelle caracoule, gémit ou roucoule.

Ouf ! Que de bruits ! Et encore, il en manque ! Mais quelle diversité, en tout cas ! Tout le monde n'est peut-être pas d'accord, les graphies peuvent varier, mais que de cris, ici et là ! Quel tintamarre ! Oui, mais tout cela, ce n'étaient pas des cris !

Pardon ? Oui, vous avez bien lu, il ne s'agissait là que des façons qu'ont les animaux de s'exprimer. Les cris eux-mêmes portent d'autres noms. Accrochez-vous, voici la liste (non exhaustive, car tout cela devient quelque peu lassant) : l'aboiement, l'agassement (et non point l'agacement), la babillerie, le baret, le barrissement, le bavardage (pour la pie et le merle – non pour les humains, du moins dans cette liste), le béguètement, le bêlement, le belottement, le beuglement, le blatèrement, le boubelement, le bourdonnement, le braiment, le braillement, le brame, le bubulement, le cacabement, le cageolement, le cagnetement, le cancan (french ou non), le caquètement, le caracoulement, la causerie (pour le perroquet et la pie), le chant, le chevrotement, le chicotement, le chuchètement, le chuchotement (pour le moineau et autres oiseaux), le chuintement, la clabauderie, le claquètement, le coassement, le conte (pour la cigale, sans la fourmi sa voisine), le coqueriquement, le coraillement, le corbinement, le coucouement, le couinement, le courcaillet, le craillement, le craquement (pour la cigogne, la grue, le perroquet), le craquètement, le crétellement, le cri (tout... bêtement), la criaillerie, le criquètement, le crissement, le coaillement, le croassement, le dodeldirement, le drensement, le feulement, le frigotement, le frouement, le gajolement, le gazouillement, le gémissement (pour la colombe, la tourterelle, le ramier), le glapissement, le glatissement, le glottorement, le glouglou, le gloussement, le graillement, le grésillement, le grincement (non des dents, mais de la chauve-souris), le grisollement, le grognement, le grognonement, le grommellement, le grondement (du chien, de l'ours), le grouinement, le hennissement, le hôlement, le hululement, le hurlement, le jabotage, le jacassement, le jappage, le jargonnement, le jasement, le margotement, le meuglement, le miaulement, le mugissement, le nasillement, le paonnement, le parlé, le pépiement, le peupleutement, le pialement, le piaillement, le piaulement, le pleur, le raillement, le raller, le ramage, le rauque, le réement, le ricanement (de la hyène), le ronron (ou ronronnement du minou de service), le rossignolement, le roucoulement, le rugissement, le sifflement, le soufflement, le stridulement, le tiraillement, le tireliement, le tire-lirement, le trompètement, le truissotement, le vagissement, le vrombissement et le zinzinulement.

Ouf, c'est fini ! Encore que, rappelons-le, la liste n'est pas exhaustive. Notons encore, qu'ici aussi, les graphies peuvent varier. Mais... Et les poissons ? N'y a-t-il rien pour eux ? Faudrait-il les condamner à jamais au *Muet comme une carpe* ? Ce serait une erreur. Les poissons ont en effet la possibilité de s'exprimer, et cela de plusieurs façons, comme en faisant claquer leur mâchoire et leurs dents, en contractant leurs muscles, en frottant les épines de leurs nageoires ou, comme les harengs, en pétant (mille pardons !). À défaut d'avoir des oreilles, ils sont aussi sensibles aux vibrations. Mais le cri du poisson rouge, quel est-il alors ? Est-ce un cri que l'on entend ? Est-ce un cri d'extase ou de joie ? Devant les beautés de la terre, les merveilles du monde ? Vu depuis un aquarium ou un bassin de jardin, l'horizon du monde est quand même limité. Un cri de plaisir, alors ? Plaisir charnel, culinaire ? Les poissons sont plutôt pondérés en ce domaine. Un cri de terreur, ou d'effroi ? Peut-être, sûrement même.

Avec le dérèglement climatique, c'est, en effet, la survie même de certains poissons rouges qui est menacée : tous ceux qui sont dans des bassins extérieurs sont condamnés à supporter une eau plus chaude, ou à mourir. Une eau plus chaude, c'est moins d'oxygène, et cela fait mourir les poissons rouges. Cet univers cacochyme du dérèglement climatique est déjà le nôtre, que l'on soit humain ou poisson. Parfois, cela se passe en silence, et on ne voit rien, on n'entend rien. Ainsi, les poissons de la mer Rouge se sont mis à coloniser la mer Méditerranée. En silence, sans rien dire. Parce que la Méditerranée est un peu moins chaude. De même, les poissons des océans migrent vers le nord, où l'eau est plus fraîche. Et il n'y a pas qu'eux : sur la terre ferme, les forêts migrent elles aussi en silence vers le nord. C'est cap au nord pour tout le monde !

Selon une théorie controversée, certains poissons vont rétrécir : la hausse des températures et le manque d'oxygène vont les faire grandir trop vite. En tout cas, le dérèglement climatique est déjà là et, quoi que fassent les hommes, il est irréversible. Il affecte aussi bien la terre que les océans. Sur terre, il faut s'attendre, selon les lieux, à plus de précipitations, comme à plus de périodes de sécheresse, avec les conséquences que l'on devine pour l'agriculture et l'alimentation des populations et des animaux. Le réchauffement des températures entraîne aussi le recul des glaces de la mer Arctique, de la couverture neigeuse, le recul et la fonte des glaciers, le dégel du pergélisol. Le nombre de cyclones tropicaux violents est aussi destiné à augmenter. Quant au niveau de la mer, chacun sait qu'il ne cesse d'augmenter, lui aussi.

Les conséquences affectent tous les domaines en même temps : l'agriculture, comme la sylviculture, l'alimentation, la santé, l'élevage, l'énergie, l'économie, les infrastructures, la politique, le tourisme... Cela signifie, en effet, moins de ressources alimentaires et moins d'eau potable, plus d'incendie et d'inondations, plus de canicules et de sécheresses, plus de décès et de maladies, plus d'animaux ou d'êtres nuisibles (ou, plus précisément, rendus nuisibles par les circonstances à l'espèce humaine, notamment). Pour la faune et la flore, c'est la perte irréversible de la biodiversité, celle-ci ne pouvant pas s'adapter à la hausse trop rapide des températures. Dans le cas du genre humain, c'est la perspective de vivre, survivre, ou de devoir mourir, dans un monde rendu plus morne, plus inhospitalier que jamais. Que jamais ? Voire ! La Terre a déjà connu nombre d'extinctions de masse, ainsi que des températures plus élevées, avec encore plus de gaz carbonique. Depuis son apparition sur notre planète, la vie a dû sans cesse s'adapter à des situations changeantes. La vie continuera donc, avec moins de biodiversité, mais elle continuera.

Les poissons rouges auront certes du mal à survivre dans des bassins de jardin devenus trop chauds et manquant d'oxygène, mais ils pourront continuer de vivre dans des aquariums à température plus modérée. Par contre, pour se reproduire, ils auront toujours besoin d'une période de dormance, avec une eau plus fraîche. Le cri des poissons rouges ne concerne donc pas forcément leur survie propre, mais plutôt la survie de la biodiversité dans son ensemble.

Ce cri concerne aussi toute la condition animale, et la façon dont elle est traitée par l'espèce humaine.

Par simple ignorance, même l'amour pour les animaux peut se transformer en violence involontaire. Il en est ainsi quand on met un poisson rouge tout seul dans une minuscule boule en verre, ou encore quand on retient en appartement des chiens de grande taille, destinés aux grands espaces, ou à des températures plus fraîches comme pour les chiens nordiques, ou quand on héberge une multitude de chats dont on ne peut pas prendre soin sérieusement.

Les abandons d'animaux sont une autre forme de violence, comme l'expérimentation animale, l'abattage rituel, le broyage des poussins (désormais restreint), voire la création par l'homme d'espèces domestiques plus ou moins infirmes. Les violences directes, la maltraitance, la zoophilie complètent ce sinistre tableau. Tout cela peut aussi être révélateur de violences cachées entre les humains eux-mêmes, notamment contre les femmes et les enfants.

L'humanité a pu rêver d'un monde où les animaux et les hommes cohabiteraient en paix. Ainsi un prophète biblique : *Le loup habitera avec l'agneau, et la panthère se couchera avec le chevreau ; le veau, le lionceau, et le bétail qu'on engraisse, seront ensemble, et un petit enfant les conduira. La vache et l'ourse auront un même pâturage, leurs petits un même gîte ; et le lion, comme le bœuf, mangera de la paille. Le nourrisson s'ébattra sur l'antre de la vipère, et l'enfant sevré mettra sa main dans la caverne du basilic.*

Un tel monde est-il possible ? En Afrique, les impalas (des antilopes) broutent bien l'herbe à portée de vue des lions. Mais il est vrai que certains se font parfois manger. Même si l'humanité entière, pourtant naturellement omnivore, renonçait quant à elle à manger des animaux, ceux-ci continueraient de se manger entre eux. Et pour ne pas leur nuire du tout, l'humanité devrait en plus renoncer à tout ce qui leur porte tort : toutes les constructions qui empiètent sur leur milieu naturel (bâtiments, routes, voies ferrées...), tout ce qui les perturbe ou les tue (véhicules, éoliennes, barrages...), et même à certains de ses animaux favoris (les chats tuent des millions d'oiseaux...). Par contre, chacun devrait laisser entrer chez soi aussi bien les moustiques que les souris, voire les rats, les serpents, etc. On le voit : rien n'est simple ! Mais tout est au final une question d'équilibre, et chacun doit y trouver son compte. La vérité est qu'il faut savoir raison garder. La vie animale a toujours moins compté que la vie humaine. La survie de l'humanité a dépendu de la servitude animale. C'est un tort de mettre le racisme, le sexisme et spécisme sur un pied d'égalité. Les deux premiers ont toujours été condamnables, le dernier est naturellement inévitable. Par contre, cela ne saurait excuser les souffrances injustifiées imposées aux animaux. Il appartient à chacun d'y veiller. Grâce aux progrès technologiques, l'humanité a aussi pu faire disparaître certaines de ces souffrances : il est, par exemple, fini le temps où des chevaux passaient leur vie au fond des puits des mines de charbon...

Cela dit, le cri du poisson rouge demeure cependant un cri qui doit être entendu ! L'entendez-vous ?

Sommaire

Un avis, une critique sur ce livre ? Vous pouvez laisser un commentaire sur les sites de vente en ligne comme Amazon ou la Fnac, les sites de bibliophiles ou les réseaux sociaux. Les poissons rouges, au nom de la cause animale, vous en remercient par avance.

Et n'oubliez pas : restez zen comme eux ! L'êtes-vous d'ailleurs assez pour voir ci-dessous deux poissons emmêlés ? (Voir aussi page 87.) Si tel est le cas, bravo ! Vous venez de rejoindre l'Internationale des poissons rouges pour l'ataraxie, qui apportera un jour la paix au monde, et la sérénité à l'humanité ! Et rappelez-vous : *Se non è vero, è bene trovato.*

Du même auteur :

Tout cela a-t-il un sens ?

Comprendre la vie, le monde et l'histoire
grâce aux... poissons rouges !

Comment expliquer le monde qui nous entoure, ce tourbillon de vie qui entraîne tout ce qui existe ? Pourquoi la vie ? Pourquoi la mort ? Tout cela a- t-il un sens ? Opticon Tessour, le chercheur français mondialement inconnu, formé dans les plus grandes universités comme Cambridge et Harvard, dérange les mythologies, les religions et la théologie, la philosophie, l'histoire, la science et la littérature pour tenter d'expliquer l'inexplicable. Dans un style limpide comme l'eau de pluie que traverse l'arc-en-ciel un jour d'été, il dévoile enfin le pourquoi du comment du sens de l'histoire. Et cela, grâce à ses poissons rouges ! Ceux-ci, pourtant muets comme des carpes, nous donnent ensuite leur point de vue, ou du moins celui d'Opticon Tessour lui-même qui, s'étant assoupi dans son spa après un repas bien arrosé, s'est vu en poisson rouge. Opticon Tessour a alors tout compris : le Big Bang, la naissance des atomes, puis celle des poissons rouges, leur vie mouvementée, leur destin singulier, et partant celui de l'Univers entier.

Les poissons rouges peuvent-ils nous apprendre à être heureux comme des poissons dans l'eau ? Ou simplement à nous imprégner de leur ineffable sérénité ? Voici un livre pour en être persuadé. C'est en tout cas l'opinion qu'Opticon Tessour partage avec lui-même. Cela peut avoir du sens, et puis l'histoire ne devrait pas finir en queue de poisson ! Afin de tirer le meilleur parti de ce livre, il ne vous sera pas nécessaire de vous mettre dans la tête d'un poisson rouge, ni de demander à votre poisson rouge préféré des explications si vous ne comprenez pas tout, mais peut-être qui sait si entre lui et vous, les similitudes ne sont pas plus grandes qu'escompté ? Dans ce cas, les réponses données à vos poissons rouges ou par les poissons rouges seraient aussi les vôtres, et vous pourriez alors comme eux nager dans leur apaisante sérénité...

Le livre d'Opticon Tessour
« Tout cela a-t-il un sens ? »
est vendu en ligne sur les sites comme Amazon,
la Fnac, Cultura, Lireka, Leslibraires, etc.,
au prix de 18,99 euros en version papier
et 2,99 euros en version numérique.